Karl-Wilhelm Weeber

Der Circus Maximus ist ihr Tempel

SPORT UND SPORTSTÄTTEN IM ALTEN ROM

1. Auflage, 3. Druck 2021
Alle Drucke dieser Auflage sind, weil untereinander unverändert, nebeneinander benutzbar. Dieses Werk folgt der reformierten Rechtschreibung und Zeichensetzung.

Lektorat: Melanie Kattanek, Hemmingen
Gestaltung und Satz: tiff.any GmbH, Berlin
Umschlagmotiv: Blick auf den Circus Maximus heute (im Hintergrund der Palatin) © mauritius images / Carlo Bollo / Alamy; Läufer von einer schwarzfigurigen Amphore © bpk / The Trustees of the British Museum
Druck: mgo360 GmbH & Co. KG, Bamberg
www.ccbuchner.de

ISBN 978-3-7661-**5480**-4

Inhalt

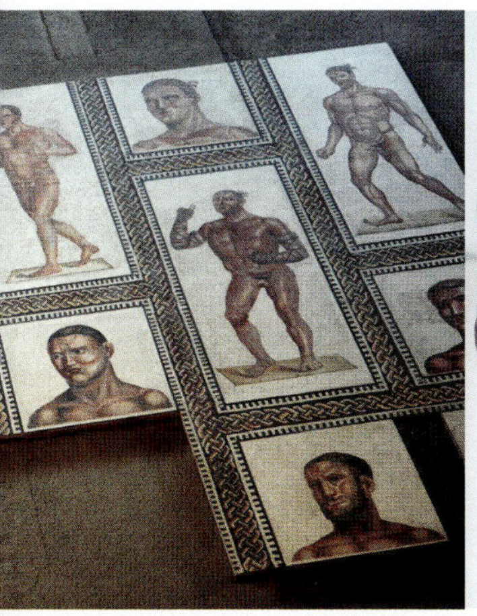

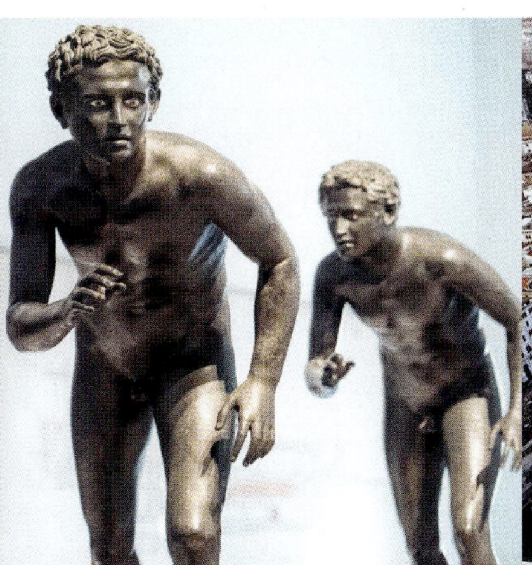

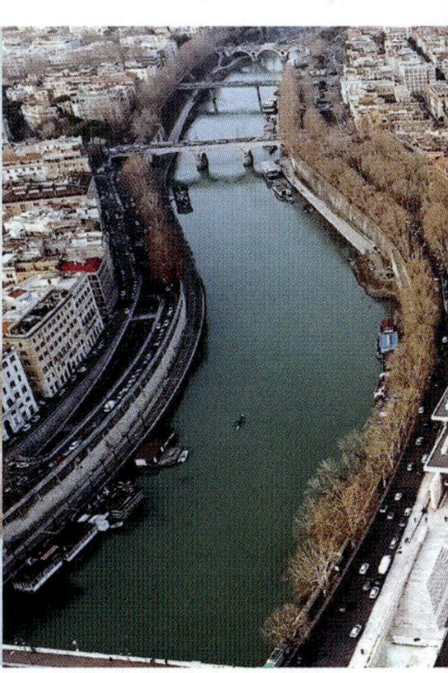

Sportiv unterwegs auf den Spuren altrömischen Sports – eine Einführung

Vorschläge für Besichtigungstouren durch Rom gibt es viele – auch was das antike Rom angeht. Dabei dominiert der topografische Aspekt: Möglichst alles, was in einem bestimmten Gebiet liegt, wird „mitgenommen". Dabei dürften thematische kulturkundliche Streifzüge durch die Ewige Stadt ertragreicher und „nachhaltiger" sein, etwa unter den Gesichtspunkten ‚Repräsentationsbauten', ‚Wasser' oder ‚Kult'. Die vorliegende Darstellung will hier dieses Gliederungsprinzip am Beispiel Sport vorstellen, und zwar in Anbindung an die Sportstätten des antiken Rom. Sport wurde natürlich nicht nur in der Großstadt betrieben, sondern vor allem auch auf dem Land, in den Villen der Reichen bzw. in deren Umgebung, wenn man zum Beispiel an den Jagdsport denkt. Wegen der Beschränkung auf die Stadt Rom können diese Aktivitäten aber nicht berücksichtigt werden. Unser Streifzug gliedert sich in den aktiv betriebenen (ab S. 7) und den Zuschauersport (ab S. 27).

Der Titel – „Der Circus Maximus ist ihr Tempel" – zitiert Ammianus Marcellinus.[1] Der spätantike Historiker mochte die römische Plebs nicht besonders, sodass er bei ihrer negativen Charakterisierung zur Übertreibung neigte. Gleichwohl bringt der Tempel-Vergleich die Begeisterung des stadtrömischen Sportpublikums gut auf den Punkt.

Manche Leserinnen und Leser mögen das Colosseum und die Gladiatorenkämpfe vermissen. Ob die *munera* als Sport anzusehen sind, ist auch bei Sporthistorikern umstritten.[2] Ein wesentliches Merkmal von Sport ist die Freiwilligkeit seiner Ausübung. Dieses Kriterium war bei Gladiatorenkämpfen im Grundsatz nicht gegeben. Auch wenn die Zahl der freiwilligen Gladiatoren in der Kaiserzeit nicht unbeträchtlich war: Das Gros der Protagonisten wurde zur Teilnahme gezwungen. Man könnte einwenden, dass nicht wenige Wagenlenker im Dienste der Renngesellschaften Sklaven waren, jedenfalls in den ersten Jahren ihrer Karriere, und dass daher auch der Circus Maximus nicht in diese Darstellung gehöre. Auch wenn spektakuläre Unfälle dort an der Tagesordnung waren, basierten die Wagenrennen im Unterschied zu den Gladiatorenkämpfen nicht auf einem Prinzip, das aus heutiger Sicht menschenverachtend war. Wer das, was im Amphitheater geschah, unter „Sport" rubriziert, muss sich also fragen lassen, ob er nicht, ohne es zu wollen, zu dessen Verharmlosung beiträgt.[3]

Kann man alle „Stationen" dieses sportiven Romführers an einem Tag „schaffen"? Muss man im wunderbaren Rom nicht, aber man kann! Die in die Karte ganz vorne im Buch eingezeichnete Reihenfolge soll dabei helfen – wobei die eine oder andere Strecke auch mit dem Bus bewältigt werden kann. Ansonsten ist es ja nicht unpassend, sich den Sport und die Sportstätten des alten Rom mit einer gehörigen sportiven Betätigung zu erschließen. Wer zusätzliche Motivation benötigt, mag sich an berühmten Vorbildern orientieren, die sich Rom *per pedes* „erlaufen" haben: „Er staunt, lässt seine Augen wach umherschweifen und ist von der Gegend fasziniert."[4] So schildert Vergil die erste Begegnung des römischen Nationalhelden Aeneas mit „seinem" Rom – das damals allerdings noch gar keine Stadt war …

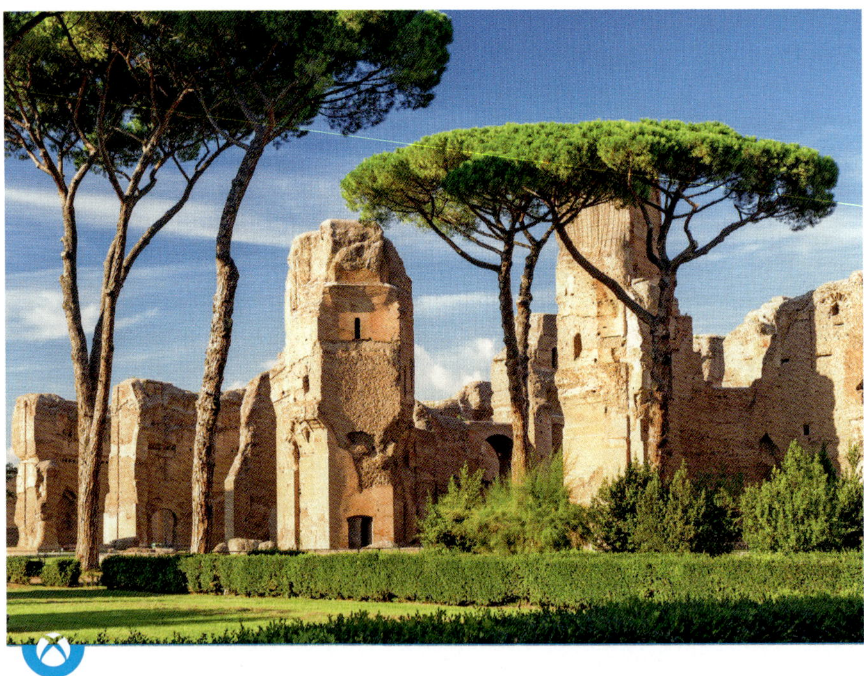

Einer der Höhepunkte des „sportiven" Rundgangs: die monumentalen Ruinen der Caracalla-Thermen (siehe S. 21 f.).

Der Tiber – kein ungetrübtes Badevergnügen

„Er drückt sich davor, den gelblichen Tiber zu berühren" (*timet flavum Tiberim tangere*), sagt Horaz abschätzig von einem gewissen Sybaris.[5] Der junge Mann weigert sich nicht nur, in den Fluten des Tibers zu schwimmen. Er entzieht sich auch anderen sportlichen Aktivitäten: dem gemeinsamen Reiten mit Freunden auf dem Marsfeld, dem Ringen und der Leichtathletik mit Diskus und Speer. Ist Sybaris ein unsportlicher Stubenhocker? Keineswegs. Früher hat er sich intensiv sportlich betätigt. Aber jetzt zieht er es vor, im Arm seines Mädchens zu „verkommen" (*perdere*). Nunmehr stimmt das Sprichwort *nomen est omen*: Die süditalische Griechenstadt Sybaris stand wegen „Verweichlichung" im Verruf.

Horaz lebte zur Zeit des Kaisers Augustus. Damals war es wohl noch nicht ungewöhnlich, sich nach dem Training auf dem Marsfeld (siehe S. 14 ff.) mit einem Sprung in den Tiber zu erfrischen und ein paar Schwimmrunden zu drehen. Jedenfalls kennt Horaz geübte Schwimmer, die „ihre eingecremten Schultern in den Wellen des Tibers baden",[6] darunter solche „Sportskanonen" wie Enipeus, der „so schnell wie kein anderer das Bett des tuskischen Flusses hinunterschwimmt".[7] Cicero bestätigt schon einige Jahrzehnte früher, dass auch anderswo an den Ufern des Tibers von privaten Parkanlagen aus im Fluss gebadet wurde. Die von ihm als Femme fatale gezeichnete Clodia besaß dort ein Anwesen, wo „die ganze Jugend zum Schwimmen hinkommt".[8] Die Stelle wird allerdings häufig falsch als Beleg für eine in der Jugend Roms vermeintlich weit verbreitete Lust am Schwimmen im Tiber interpretiert. Tatsächlich handelt es sich eher um eine Spitze Ciceros gegen die wenig „damenhafte Dame", die junge Männer wohl nicht nur zum Schwimmen an ihr Tiber-Ufer lockte …[9]

Dreimal durch den Tiber und ordentlich Wein … – so gelingt der Schlaf

Gegenüber der üblichen Vorstellung, dass das Schwimmen im Tiber zu den sportlichen Selbstverständlichkeiten im alten Rom gehörte, ist Skepsis angebracht. Die Quellenlage bestätigt diese Vermutung für die Zeit der späten Republik und vor allem für die Kaiserzeit nicht. In früherer Zeit

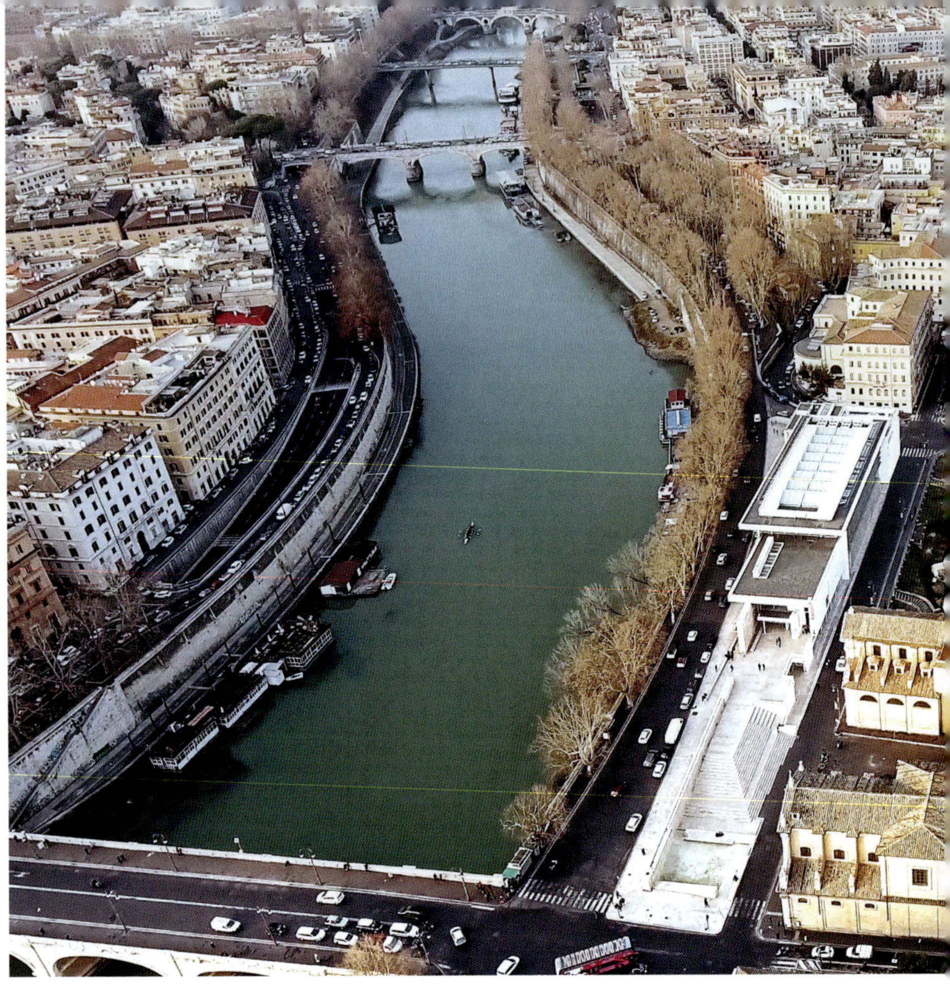

dürfte der Andrang größer gewesen sein, als die militärische Ausbildung auf dem Marsfeld noch Pflicht für alle Bürger-Soldaten war und „die Jugend nach dem Waffentraining den Schweiß und Staub sowie die Ermüdung durch das Laufen durch ein anstrengendes Schwimmen (im Tiber) abspülte".[10] Zu jener Zeit brachten ehrgeizige Väter ihren Söhnen auch noch selbst das Schwimmen „in den Strudeln und reißenden Wassern des Tibers" bei, wie es vom Alten Cato bezeugt ist.[11]

Mag Horaz in augusteischer Zeit wohl eher augenzwinkernd als Rezept für tiefen, erholsamen Schlaf das dreimalige Durchschwimmen des Tibers und anschließend eine ordentliche Menge Wein zum inneren Befeuchten propagieren,[12] so dürfte die Zahl der Tiber-Schwimmer doch kontinuierlich zurückgegangen sein. In der Kaiserzeit ist der Jüngere Seneca der Ein-

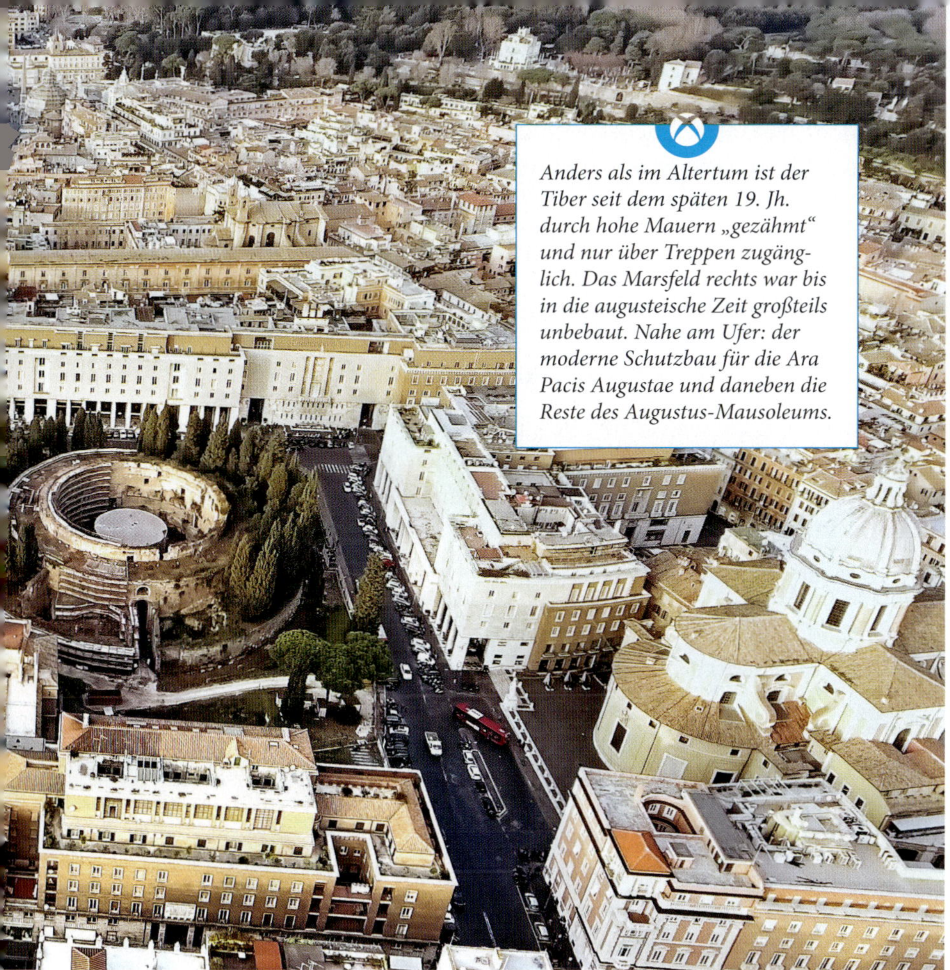

Anders als im Altertum ist der Tiber seit dem späten 19. Jh. durch hohe Mauern „gezähmt" und nur über Treppen zugänglich. Das Marsfeld rechts war bis in die augusteische Zeit großteils unbebaut. Nahe am Ufer: der moderne Schutzbau für die Ara Pacis Augustae und daneben die Reste des Augustus-Mausoleums.

zige, der diese sportliche Aktivität erwähnt – allerdings in Form „heroischen" Kaltbadens zu Beginn des neuen Jahres.[13] Das heißt nicht, dass in den Sommermonaten nicht der eine oder andere im Tiber schwamm, aber von einer „Selbstverständlichkeit" oder gar einer Massenbewegung waren diese Schwimmerlebnisse weit entfernt.

Erst recht gab es keine regulären bzw. organisierten Schwimmwettkämpfe – nicht im Tiber und auch nicht anderswo. Das schließt natürlich einzelne Herausforderungen zum Wettschwimmen nicht aus – im nordafrikanischen Hippo maßen junge Burschen ihre Kräfte beispielsweise darin, möglichst weit ins Meer hinauszuschwimmen.[14]

Ob es eher nur einzelne Badende oder doch Gruppen von Schwimmern waren, die sich in der wärmeren Jahreszeit vom recht kühlen Nass des

Tibers anziehen ließen, *eines* ist jedenfalls sicher: Mädchen und Frauen waren nicht darunter. Ebenso wie das Marsfeld mit seinem athletischen Programm für sie tabu war, war es ihnen de facto verwehrt, „sich sanft mit der Strömung des tuskischen Flusses dahintragen zu lassen". So habe es die *natura* eingerichtet, bedauert Ovid die Einschränkung des weiblichen Geschlechts;[15] tatsächlich war es der von Männern festgelegte Moralkodex, der die Frauen an sportlicher Betätigung in der Öffentlichkeit hinderte.

„Des Himmels liebster Strom" als Müllkippe

Wie erklärt sich der Rückgang des Tiber-Schwimmens in der Kaiserzeit? Es kamen drei Gründe zusammen. Zum einen verschwand durch die Einführung eines Berufsheeres im 1. Jh. v. Chr. der Typus des auf dem Marsfeld und im angrenzenden Fluss militärisch trainierenden Bürger-Soldaten. Zum anderen entstanden seit augusteischer Zeit große Thermen in Rom (siehe S. 19 ff.) – in deren *piscinae* konnte man gewissermaßen in eingefriedeten Becken schwimmen –, und ebenso das Stagnum Agrippae und der Abflusskanal der Aqua Virgo, der Euripus (siehe S. 12 f.). Diese Anlagen waren gegenüber dem natürlichen Fluss-Ambiente nicht nur attraktiver, die Wasserqualität war deutlich besser: Die Thermen wurden mit frischem Quellwasser aus Aquädukten gespeist, der Tiber dagegen war von Abfällen und Unrat aller Art verdreckt.

Nicht nur wurden die Abwässer der Cloaca Maxima und ihrer Nebenkanäle ungeklärt in den Fluss eingeleitet: Müll wurde auch direkt in den Tiber „entsorgt". Wie die Müllabfuhr im kaiserzeitlichen Rom organisiert war, wissen wir nicht genau. Sicher ist, dass in großer Menge Kadaver, Bauschutt und andere Abfälle von den Ufern und den Brücken aus dem *Tiberinus pater* zum Wegschaffen übergeben wurden. Wie andere Flüsse auch wurde der Tiber trotz seiner kultischen Verehrung auch als Müllkippe genutzt. Das machte den „dem Himmel liebsten Strom", als der er noch Aeneas erschienen war,[16] nicht gerade zum Schwimmparadies.

Der Kaiserbiograf Sueton bestätigt ausdrücklich, dass Bauschutt in gewaltigem Umfang in den Tiber gekippt wurde: Augustus ließ das Flussbett einst, so gut es ging, davon reinigen, um die Gefahr von Überschwemmungen zu reduzieren.[17] Doch war das keine nachhaltige Maßnahme gegen die Nutzung des Flusses als Abfall-„Beseitiger". Sie dauerte fort – und Rom entwickelte sich zu einer Millionen-Metropole, die immer mehr Müll produzierte. Mochte das Gros der Abwasser-Einleitungen auch unterhalb der Tiber-Insel und damit einige Hundert Meter vom nördlichen Marsfeld entfernt liegen, so lud der Tiber auch schon weiter stromaufwärts innerhalb des Stadtgebiets nicht zum Schwimmen ein. Er dürfte, auch wenn das nirgendwo in den Quellen so deutlich gesagt wird, eher eine abschreckende Brühe gewesen sein.

Zwar diente er den Tiber-Fischern auch in der Kaiserzeit als Existenzgrundlage, aber was sie aus dem Fluss herausholten, galt nicht mehr wie in alten Zeiten als Delikatesse,[18] sondern als minderwertiger Fisch, „fett nur vom Strom der Cloaca Maxima“[19]. Der kaiserliche Leibarzt Galen riet im 2. Jh. n. Chr. ausdrücklich davon ab, Tiber-Fische aus dem Siedlungsgebiet Roms zu verzehren.[20] In derart verdrecktem Flusswasser dürfte auch den allermeisten Römern der Spaß am Schwimmen vergangen sein.

Wie sah es mit dem Rudersport aus? Wir wissen nicht, wie und wo Ruderer ausgebildet wurden – und auch nicht, ob sich Hobby-Ruderer hier und da auf dem Tiber getummelt haben. Vereinzelt ist das sicher der Fall gewesen. Aber weder tritt in den Quellen das Rudern als Breitensport in Erscheinung, noch wird der Tiber als Trainingsgelände erwähnt. Auch wenn die ausführliche Darstellung einer Regatta mit einem Wettkampf von vier Schiffen anlässlich der Leichenspiele zu Ehren des mythischen Anchises im Meer vor Sizilien recht großen Raum in Vergils *Aeneis* einnimmt,[21] hat es Rudern in der römischen Zivilisation nie bis zum Wettkampfsport geschafft. Wenn Kinder in Ruderbooten die Schlacht von Actium oder andere historische Kämpfe spielerisch nachstellten, so taten sie dies auf Teichen oder kleineren Seen.[22] Der Tiber wäre wegen seiner Strömung dafür viel zu gefährlich gewesen.[23] Das mag auch mit ein Grund gewesen sein, dass den Quellen zufolge nur kräftige junge Männer in ihm schwammen.

Stagnum Agrippae und Euripus Virginis – Tummelplätze für „Kaltbader"

Da saß er nun, verbannt ans Schwarze Meer, und dachte immer wieder an die Annehmlichkeiten und Genüsse (*voluptates*) der kultivierten Weltstadt zurück: In seinen Exilgedichten gibt Ovid seiner Sehnsucht nach Rom und dessen architektonischer Pracht in nostalgischen Rückblicken Ausdruck: Er schwärmt von den marmornen Tempeln und Theatern, aber auch vom „Gras des Marsfeldes, das auf prächtige Parks blickt, sowie vom Teich, von den Kanälen und dem Wasser der Jungfrau".[24]

Die drei letzten Bauten gehörten zum groß angelegten „Wasserkonzept" des Marcus Agrippa. Er ließ nicht nur die erste große Thermenanlage der Hauptstadt bauen, die mit viel Understatement den Namen Laconicum Agrippae, „Agrippas Schwitzbad", erhielt, sondern auch die rund 20 km lange Fernwasserleitung Aqua Virgo. Sie versorgt noch heute die berühmtesten Brunnen im Zentrum der Ewigen Stadt mit Wasser. Benannt ist sie nach einem Mädchen, das den mit der Suche nach geeigneten Quellen betrauten Soldaten den entscheidenden Tipp gegeben haben soll. Imposante Überreste der Aqua Virgo sind seit einiger Zeit im Untergeschoss des Luxuskaufhauses „La Rinascente" an der Via del Tritone zu besichtigen. Ein empfehlenswerter Abstecher!

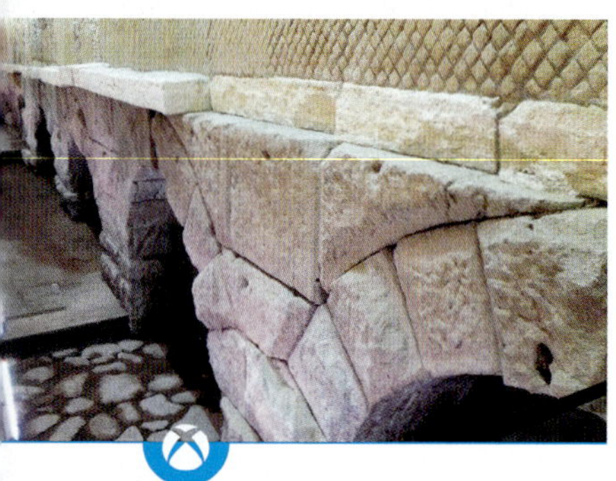

Bogenbrücke der „Jungfräulichen Wasserleitung" (Aqua Virgo) im Zentrum Roms – zu finden im Untergeschoss des Luxuskaufhauses „La Rinascente".

Unterwegs mit römischen „Ironmen" und Joggern

Das Wasser der am 9. Juni 19 v. Chr. eingeweihten Aqua Virgo strömte nicht nur in die Wannen und in das Schwimmbecken der Agrippa-Thermen, sondern ergoss sich auch in das angrenzende Stagnum Agrippae, ein von Mauern und Marmorstufen eingefasstes Reservoir inmitten von Parks. Mit grob geschätzt 70 x 200 m Wasserfläche (sie wurde noch im 1. Jh. n. Chr.

überbaut) war dieser Teich deutlich größer als die *piscinae* auch der späteren Thermenpaläste. Als Abfluss des Stagnum diente der Euripus – benannt nach der Meerenge zwischen dem griechischen Festland und Euböa. Der Kanal führte zunächst nach Westen (ungefähr dort, wo heute der Corso Vittorio Emanuele II verläuft) und dann nach Norden, wo er in den Tiber mündete.

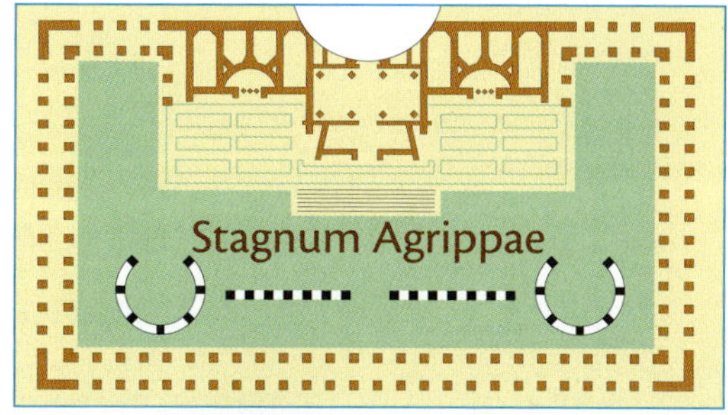

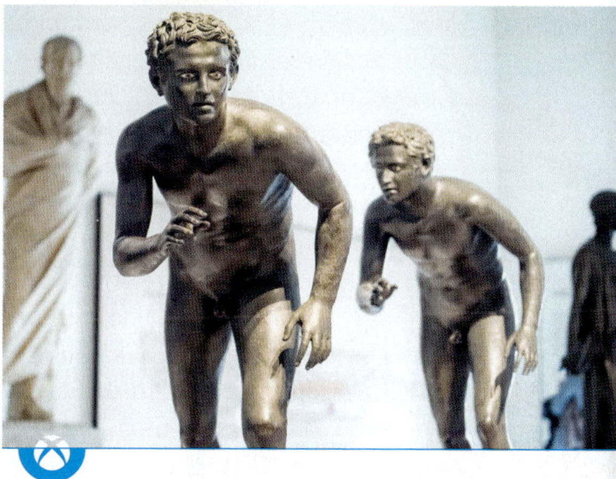

Am Euripus, dem Abflusskanal der Aqua Virgo, führte eine Joggingstrecke vorbei; bronzene Läuferstatuen aus der Villa dei Papiri in Herculaneum.

Es gab noch mindestens einen weiteren Euripus (auf dem Marsfeld), aber es war wohl dieser Abflusskanal der Aqua Virgo, der wie das Stagnum Agrippae als Swimmingpool genutzt wurde. Mit einer Tiefe von 1,7 m eignete er sich gut dafür; die Breite von 3,35 m dagegen ließ nicht zu, dass allzu viele Sportler gleichzeitig schwammen. Freilich musste man ein passionierter Kaltbader sein, um sich dieses Schwimmvergnügen zu gönnen und „die müden Glieder in das Wasser der Virgo einzutauchen".[25] Das war nämlich notorisch kühl. Martial verwendet die Ausdrücke *gelidus* und *niveus*, „kalt wie Eis" bzw. „kalt wie Schnee".[26]

Gleichwohl lockte das klare, saubere Wasser Freunde des Schwimmsports an,[27] sodass das Stagnum und der Euripus zu den „klassischen" Schwimmstellen des alten Rom gezählt wurden.[28] In der Kaiserzeit waren sie möglicherweise beliebter als der Tiber. Wer sich als kälteresistenter römischer „Ironman" profilieren wollte, der stürzte sich sogar im Winter in das äußerst erfrischende Wasser der Virgo, um das neue Jahr zu begrüßen. Diese harten Kerle waren unter dem griechischen Namen *psychrolutes* bekannt, „Kaltbader".[29]

Aber auch jeder, der „wärmeren" Sport vorzog und gern schwitzte, kam am Euripus auf seine Kosten: Die gepflasterten Wege an seinen Ufern wurden wohl auch als Joggingstrecken genutzt.[30]

Das Marsfeld – vom Sportgelände zum Vergnügungsviertel

Auf *die* Idee wäre im Mittelalter niemand gekommen, der eine große freie Fläche für Sportausübung suchte, und auch heute käme niemand darauf: dafür ausgerechnet die Gegend zwischen dem Tiber-Knie und der Via del Corso, der antiken Via lata, aufzusuchen. Im mittelalterlichen Rom lag hier eines der am dichtesten bebauten Viertel der Ewigen Stadt, und auch heute gibt es, von einigen wunderschönen Piazze und dem Gelände rund um das Mausoleum des Augustus und die Ara Pacis abgesehen, keine Fläche, die zu aktivem Sport einlüde – sofern man touristisches Pflastertreten nicht als solchen interpretiert.

Das war vor rund 2000 Jahren noch ganz anders. Der beste Zeuge dafür ist der griechische Geograf Strabon. Er schwärmt zwar auch von den architektonischen Glanzlichtern des Marsfeldes, weist aber zudem auf dessen große Erstreckung hin, „die nicht nur einer ungeheuer großen Menge von Menschen Platz bietet, die sich im Ballspiel, Reifentreiben und Ringen üben, sondern auch für Wagenrennen und Reiten". Natürliche Schönheit und menschlicher Gestaltungswille verbanden sich Strabon zufolge mit einem einzigartigen Ensemble von Schönheit: „Die flankierenden Gebäude, der das ganze Jahr über grüne Rasen und die Hügelkränze, die sich über dem Fluss bis hin zu seinem Bett erstrecken, bieten sich den Blicken wie ein Bühnengemälde dar und ermöglichen einen Schaugenuss, von dem man sich kaum abwenden kann."[31] Die emphatische Ausdrucksweise lässt zwar auch Übertreibungspotenzial hinsichtlich der „ungeheuer großen Menge" von Sportlern vermuten, aber sicher ist, dass etliche Menschen dort trainiert haben, als Strabon seine Blicke über den Campus Martius schweifen ließ.

Staub, Sonne, Sport – exklusiv für Männer

Andere Augenzeugen bestätigen das. Der verbannte Ovid ruft sich bessere Zeiten in Erinnerung: „Dort in Rom sind jetzt Feiertage. Jetzt reitet man dort, jetzt übt man sich spielerisch in leichten Waffen, jetzt spielt man Ball, jetzt treibt man den Reifen in schnellem Lauf, und die jungen Leute salben sich mit schlüpfrigem Öl für den Ringkampf."[32] Auch Horaz erwähnt das rege sportliche Treiben auf dem Marsfeld mehrmals: Die einen reiten dort, durchaus auch zu militärischem Training, die anderen schleudern den Diskus oder den Speer, wieder andere messen sich im Ringen, bevor sie dann in die Fluten des Tibers stürzen (siehe S. 7).[33]

„Unser Marsfeld" (*campus noster*) biete genügend Möglichkeiten, sich „auf ehrenhafte Weise" spielerisch zu üben, sagt Cicero[34] und deutet damit an, dass es dort um Freizeitbeschäftigungen hauptsächlich der Elite ging. In der Tat ist ja das häufig genannte Reiten ein nicht gerade preiswerter Sport. Es waren offensichtlich die Angehörigen der führenden Gesellschaftsschichten, die über genügend Freizeit und bei manchen Sportarten auch über hinreichend finanzielle Mittel verfügten, um dort einem sportlich-militärischen *otium* nachzugehen und sich in freizeitkompatibler Weise dem Staub und der Sonne auszusetzen: *pulvis* und *sol*[35] signalisierten, dass man in üblicher Weise Beschwernisse – oder was man dafür hielt – im Interesse der Bürgergemeinschaft auf sich zu nehmen willens war. Außerdem hielt das Training auf dem sonnenüberfluteten Marsfeld gewissermaßen einen erotischen Mehrwert bereit: Zumindest eine leichte Bräunung der Haut galt bei Männern als attraktiv – sie hole dir auf dem Campus, empfiehlt Ovid seinen Liebes-Schülern.[36]

„Sportlerinnen" sah das Marsfeld nicht, zumindest nicht sein nordwestlicher Teil. Er war sozusagen reines Männergebiet. Liebesdichter wie Properz mochten das bedauern und sich vorstellen, wie attraktiv es wäre, würde Rom sich wie einst Sparta dem öffentlichen Frauensport öffnen – nackte Mädchen zwischen Ringkämpfern, Diskus schleudernde und verwegen reitende junge Frauen[37] –, doch das blieb Utopie. Immerhin weiß Ovid (jedenfalls ein bisschen) Rat: Frauen sollten sich an die andere Seite des Marsfeldes halten, an dessen bebauten Teil mit seinen wunderbaren Säulenhallen: „Dort dürft und sollt ihr im Schatten wandeln."[38] Auch *ire*, „gehen", ist ja zumindest eine körperliche Betätigung …

Prominente beim Training – Peinlichkeiten inbegriffen

Die „kleinen Leute" mussten meistens arbeiten und verfügten über ein nur geringes Freizeitbudget. Sicher durften auch sie sich auf dem Campus Martius sportlich betätigen. Das war kein exklusiver Zirkel der „besseren Stände", wie es in älteren Darstellungen noch heißt, aber die Zahl der Sporttreibenden aus den unteren Bevölkerungsschichten dürfte überschaubar gewesen sein. Und es waren ganz überwiegend *junge* Männer, die sich dort ein sportliches Stelldichein gaben. Ältere Herren waren die Ausnahme; der berühmte Gaius Marius zieht sich gar einen heftigen Tadel von seinem Biografen Plutarch für sein „alterswidriges" Verhalten auf dem Campus Martius zu: „Marius verleugnete in törichtem Ehrgeiz Alter und Schwäche, ging tagtäglich aufs Marsfeld und trieb mit den Jungen Sport, um zu beweisen, dass er noch immer gewandt zu fechten und sicher zu reiten verstehe. Dabei war er nicht mehr schlank wie in jungen Jahren, sondern fettleibig und schwer geworden."[39]

Augustus dagegen vermied solche peinlichen Auftritte. In seiner Jugend ließ auch er sich regelmäßig zum Reiten und zu Waffenübungen auf dem Marsfeld blicken. Nach seinem Sieg im Bürgerkrieg zog er sich aber von diesen Aktivitäten zurück und verlegte sich vorrangig aufs Ballspiel – sicher auch, weil er von eher schwacher Konstitution und anfällig für Krankheiten war.[40] Nero suchte indes wie bei anderen Tätigkeiten auch beim Sport die Öffentlichkeit. „Bei seinen Übungen auf dem Marsfeld ließ er auch das einfache Volk zusehen", berichtet sein Biograf Sueton.[41]

In seinen anderen Funktionen als Aufmarsch- und Exerzierfeld für Roms Bürger-Soldaten sowie als Versammlungs- und Abstimmungsplatz bei Wahlen hatte das Marsfeld seine Bedeutung in der Kaiserzeit verloren. Seit dem 1. Jh. v. Chr. wurde die freie Fläche dagegen zunehmend für eine architektonische Nutzung entdeckt. Pompeius ließ hier das erste große Theater Roms aus Stein bauen, das gegenüber moralischen Bedenkenträgern nur vordergründig als Venus-Heiligtum getarnt wurde.[42] Zwei weitere Theater, das des Balbus und das des Marcellus, folgten in den nächsten Jahrzehnten. Damit ging ein grundlegender Wandel in der Nutzung des Marsfeldes einher: Im Laufe der Zeit wurde es zu einem Vergnügungsviertel für Zuschauer, während der aktive Sport zurückging.

Sportevents und andere *spectacula* – Umgestaltung des Campus Martius

Andererseits hatte es auf dem Campus Martius auch schon seit früher Zeit Sportevents zum Zuschauen gegeben, allerdings primär in sakralen Kontexten. Das waren zum einen die Equirria, zwei Pferderennen zu Ehren des Mars am 27. Februar und am 14. März. Diese Feste sollen bereits vom Stadtgründer Romulus begründet worden sein, denen „der Gott selbst von seinem Feld aus zusehen" konnte.[43] Aber er war sicherlich nicht allein: Die Equirria lockten eine Menge Zuschauer an. Wagen waren nicht im Spiel;

Pferde liefen um die Wette, wie der Name sagt: Denn in „Equirria“ stecken *equus*, „Pferd“, und *currere*, „laufen“.[44] Das herbstliche Pendant dazu war das sogenannte Oktoberpferd (*October equus*): ein Wagenrennen von zwei Zweigespannen an den Iden des Oktober. Das rechte Pferd des siegreichen

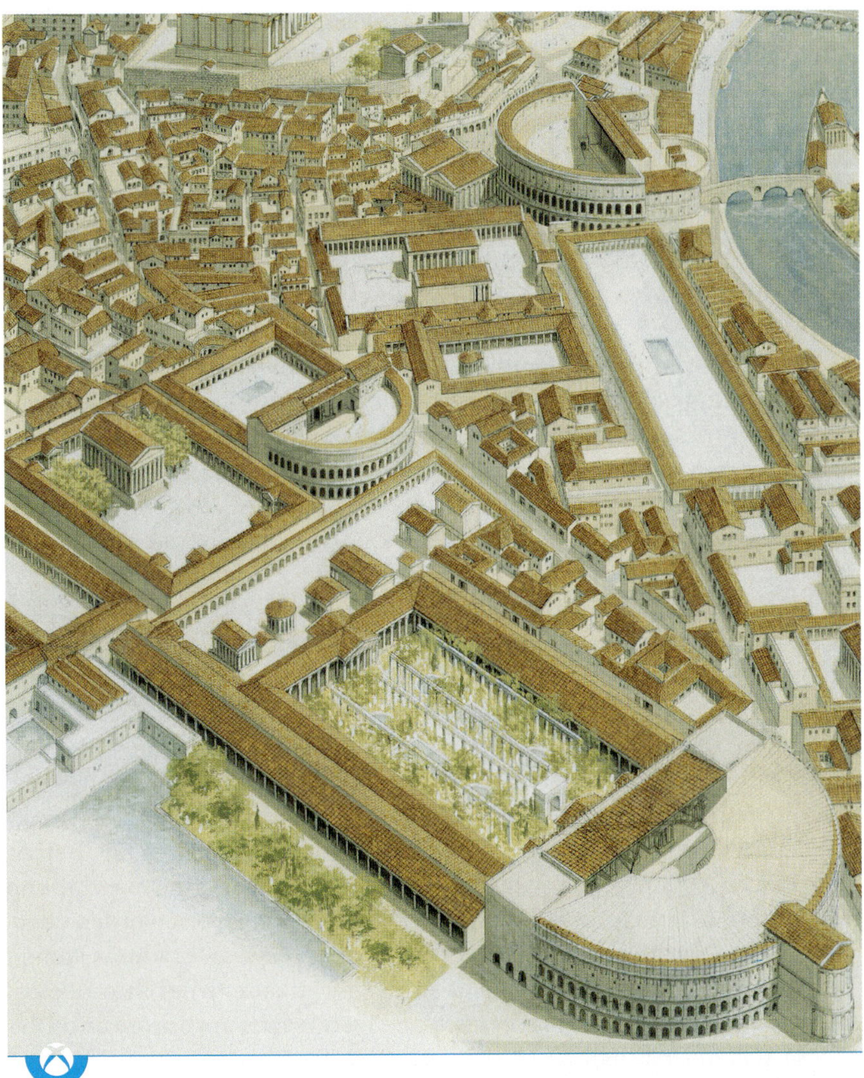

In der Kaiserzeit hatte sich das Marsfeld zum „Unterhaltungs-Campus“ gewandelt: Im Vordergrund das Theater des Pompeius mit Portiken und Venus-Tempel; dahinter das Theater des Balbus; und gegenüber der Tiberinsel das heute noch recht gut erhaltene Theater des Marcellus.

Gespanns wurde wohl als Opfer für Mars, den Herrn des Austragungsortes, getötet; um seinen Kopf kämpften die Bewohner zweier Stadtteile.[45]

In augusteischer Zeit wurde das Marsfeld erheblich umgestaltet. Vor allem die *monumenta Agrippae* – das Pantheon, die Thermenanlage, die „jungfräuliche Wasserleitung“ (Aqua Virgo) mit dem Stagnum Agrippae, einem großen Wasserbassin, und dem Abflusskanal (Euripus; siehe S. 13), sowie kunstvoll angelegten Parks und Sportflächen – verwandelten den Kernbereich des Marsfeldes in ein repräsentatives, überaus ansehnliches neues Stadtviertel: „eine Kunstlandschaft von metropolitanem und zugleich sakro-idyllischem Charakter“, so Lothar Haselberger.[46] Hinzu kamen mit dem riesigen Augustus-Mausoleum, der Sonnenuhr des Augustus, der Ara Pacis, den erwähnten Theatern sowie den völlig neu gebauten Saepta, in denen unter anderem Gladiatorenkämpfe stattfanden,[47] weitere Prachtbauten.

Einige Jahrzehnte später entstand in den Achtzigerjahren mit dem Stadium Domitiani ein weiterer Riesenbau, der die Attraktivität des Marsfeldes nicht nur in architektonischer Hinsicht, sondern auch im *spectacula*-Bereich enorm erhöhte. Das neue Stadion diente vorrangig Aufführungen griechischer Schau-Athletik. Die Römer sprachen von *certamina Graeca*, „griechischen Wettkämpfen“ (siehe S. 43). Vermutlich war die Fläche schon früher in ähnlicher Weise genutzt worden: Sowohl Caesar als auch Augustus hatten dort wohl hölzerne Amphitheater errichten lassen, die nach einiger Zeit wieder abgerissen worden waren.[48]

Damit war der größte Teil des ehemals grasbewachsenen freien Marsfeld-Areals dann zugebaut. Dass das Marsfeld traditionell außerhalb des Pomeriums, der sakralen Stadtgrenze Roms, lag, war durch die umfassende Bautätigkeit der beiden Jahrhunderte vor und nach der Zeitenwende nun nicht mehr zu erkennen. Aktiven Sportlern blieb nur die Fläche westlich des Stadions bis zum Tiber-Knie zum Training. Sie hatten an „Betätigungsfläche“ deutlich eingebüßt. Die großen Gewinner der Umgestaltung des Campus Martius aber waren die *spectatores*: Zuschauern wurden überall prächtige Shows geboten. Mit dem Bau des Domitian-Stadions kamen indes auch die Fans professioneller Athletenwettkämpfe auf ihre Kosten. Immerhin: „Nebenan“ war auch noch genügend Platz, um Speere und Disken zu schleudern, Ball zu spielen oder den Reifen zu treiben. *Das* geht heute nicht mehr – es sei denn auf der Piazza Navona, deren Form an das einstige Stadion erinnert. Raum wäre dort, aber frühestens nach Mitternacht, wenn die Touristen in ihren Hotels sind …

Die Thermen – Dorado der Ballspieler

„Hier trainieren Kraftprotze und schwingen ihre mit Blei beschwerten Hände. Während sie sich abmühen oder jedenfalls so tun, als mühten sie sich ab, höre ich Stöhnen, jedes Mal, wenn sie den angehaltenen Atem wieder ausstoßen, Zischlaute und ganz gepresstes Atmen. … Wenn dann aber ein Ballspieler unvermutet hinzukommt und anfängt, die Bälle zu zählen, ist es um mich geschehen. … Denk dir auch die noch hinzu, die mit gewaltigem Klatschen des aufspritzenden Wassers ins Schwimmbecken springen …“[49]

Wer über einer Badeanstalt wohnt, darf nicht geräuschempfindlich sein und schon gar nicht über kniffligen philosophischen Fragen brüten – sonst hat er genug Grund, seine „Ohren zu hassen“, wie Seneca, dem wir diesen unfreiwillig komischen Bericht über verschiedene akustisch auffallende sportliche Aktivitäten in einer Thermenanlage verdanken. Manche Sportler ließen sich zudem von Masseuren fit machen, andere ließen sich die Achselhaare ausrupfen – was ebenfalls mit erheblichen Geräuschen und Klagelauten verbunden war, die den Philosophen in seiner Konzentration störten. Er machte diese Erfahrung übrigens nicht in Rom, sondern auf einer Reise ins mondäne Luxusbad Baiae am Golf von Neapel. Sonst hätte er schwerlich in einem solchen Ambiente Quartier genommen.

„Nur wenige Frauen ringen …“ – das Rätsel der Bikini-Mädchen

Das Ambiente selbst ist als Treffpunkt extrovertierter Sporttreibender durchaus zutreffend, wenn auch mit Überzeichnung des akustischen „Terrors“ geschildert: Thermen boten allen, die sich körperlich betätigen wollten, Platz und Plätze dafür – wobei „alle“ hinsichtlich der „Genderfrage“ in der üblichen Weise einzuschränken ist. Frauen trieben in aller Regel in der Öffentlichkeit keinen Sport. „Nur wenige Frauen ringen, nur wenige nehmen Kraftnahrung von Athleten zu sich“, bestätigt Juvenal diesen Befund[50] – und findet das völlig in Ordnung. Für Frauen, die sich nachts mit Gefolge in (Privat-)Thermen begeben und sich mit schweren Hanteln abmühen, hat er wenig Sympathie. So etwas galt ihm (und nicht nur ihm) als

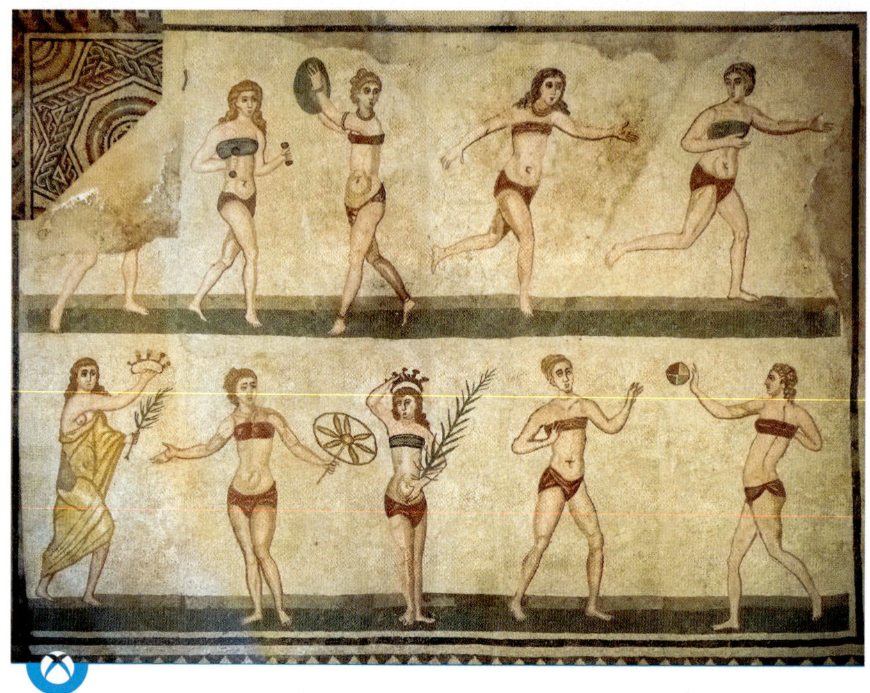

Sport mit Hanteln, Diskuswurf, Wettlauf und Ballspiel: Die sog. Bikini-Mädchen in einem Mosaik in Piazza Armerina waren vermutlich professionelle Entertainerinnen. Normalerweise war Sport bei den Römern Männersache.

„unweiblich", auch wenn sich die fragwürdige Dame im Anschluss an ihre Körperertüchtigung von einem erfahrenen Masseur sexuell verwöhnen lässt.[51]

Sind die sogenannten Bikini-Mädchen in der spätantiken Villa von Piazza Armerina (Sizilien) nicht der zum Mosaik gewordene Gegenbeweis dazu? Über die – singuläre – Darstellung ist viel diskutiert worden. Dass es sich bei den Athletinnen um normale Sportlerinnen handelt, ist sehr unwahrscheinlich. Die skizzierte Quellenlage zum „Frauensport" spricht dagegen. Eher dürften hier Show-Athletinnen abgebildet sein, die ihre Darbietungen vor Publikum vorführten und dabei eine ungewöhnliche Bekleidung trugen, die männliche Zuschauer vermutlich als sexy empfanden. In den „normalen", frei zugänglichen Thermen sind sportliche Aktivitäten von Frauen, vom Schwimmen abgesehen, jedenfalls nicht bezeugt. Vielleicht hat es sie in separaten Frauentrakten öffentlicher Thermen gegeben und hier und da in privaten Badehäusern, aber Nachrichten darüber haben wir über die erwähnten Juvenal-Stellen hinaus keine.

Schon die frühesten Thermenanlagen im kampanischen Raum hatten zum Sporttreiben mindestens eine *palaestra*. Das war ursprünglich der Hof des griechischen *gymnásion*, der für Ringkämpfe genutzt wurde (griech. *pále*: „Ringkampf"). Als die großen kaiserlichen Thermen in Rom entstanden, wurden Palästren in die zum Teil riesigen Baukörper integriert und für alle möglichen Sportarten genutzt. Sie waren meist als offene, ringsum von Säulenhallen gesäumte Höfe mit sandigem, seltener mit gefliestem Boden gestaltet. Manche waren auch um Laufstrecken erweitert. Ob einige Palästren mindestens teilüberdacht waren, ist umstritten. Sicherlich trugen angrenzende Räume, die zur Aufbewahrung von Sportgerät, zur Behandlung durch Masseure und Physiotherapeuten, zum Umkleiden oder auch zum Ausruhen dienten, ein Dach. Vor allem in Privatthermen waren Ballspielplätze, *sphaeristeria* genannt (griech. *sphaíra*: „Ball"), als Teil der Palästra oder auch als separater Sportplatz konzipiert.

8000 Besucher am Tag – die Caracalla-Thermen

In den Kaiserthermen der Hauptstadt gab es genug Raum für sämtliche sportliche Aktivitäten, ganz gleich, ob bestimmte Flächen ausdrücklich als Ballspiel-Areale ausgewiesen waren oder „nur" als solche bereitstanden. Von den frühesten Thermen – denen des Agrippa, des Nero und des Titus – sind keine sehenswerten archäologischen Spuren erhalten. Das einschlägige Interesse heutiger Rom-Touristen konzentriert sich auf die zu Beginn des 3. Jh.s gebauten Caracalla-Thermen (Thermae Antoninianae), und das zu Recht. Denn sie wurden niemals überbaut und erlauben so den besten Einblick in die „Wellness-Tempel", die im Herrscherlob (Panegyrik) des 4. Jh.s „so groß waren wie ganze Provinzen".[52]

Dementsprechend ausgedehnte Flächen stellten sie für alle Besucher bereit, die sich vor dem Bad sportlich fit machen wollten. Das war die übliche Reihenfolge: erst der Sport, dann die Rekreation vornehmlich im warmen Bad, dem die Thermen ihren Namen verdanken (griech. *thermós*: „warm"). Die heutige Fokussierung auf die Caracalla-Thermen sollte allerdings nicht den Blick darauf verstellen, dass im Rom des 3. und 4. Jh.s nur wenige Einwohner weiter als einen Kilometer von einer der großen Thermenanlagen entfernt wohnten, ja dass die meisten in einem Radius von 600 m um die „Kathedralen des Fleisches" lebten, wie man die Kaiserthermen auch genannt hat. Das ist insofern nicht erstaunlich, als die Regionalkataloge des 4. Jh.s elf Thermenkomplexe verzeichnen.[53]

Modernen Berechnungen zufolge besuchten Tag für Tag 20–25.000 Badegäste die Thermen. Davon entfielen 6–8.000 allein auf die Caracalla-Thermen, wobei die Kapazitätsgrenze einem antiken Zeugnis zufolge bei rund 1.600 Besuchern zur gleichen Zeit lag.[54] Alle diese Zahlen sind freilich nur als geschätzte Größenordnungen zu verstehen.

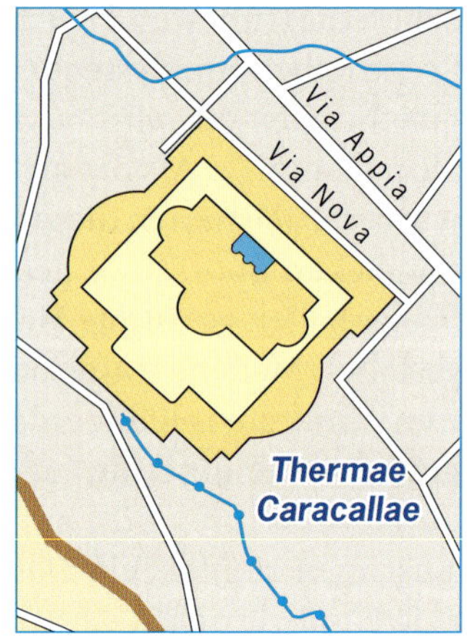

Im spiegelbildlich um das zentrale Frigidarium (im Plan rechts blau) angelegten riesigen Baukörper lagen auf beiden Seiten ausgedehnte, von Säulenhallen flankierte Palästren. Dort trainierten Leichtathleten und Gewichtheber, Ringer und Boxer und vor allem Ballspieler. Die meisten von ihnen dürften, wie im griechischen Sport üblich, nackt gewesen sein. Auch badete man, von wenigen Ausnahmen abgesehen, ohne Lendenschurz.[55]

Variationen des Ballspiels – Exzentrik nicht ausgeschlossen

Ballspiel war, wenn es um aktiven Sport ging, *die* Leidenschaft der Römer, und zwar unabhängig von Alter und Stand. Auch Aristokraten spielten gern Ball, wenngleich lieber in den Palästren ihrer Landhäuser als in den öffentlichen Thermen. So empfahlen es auch die Ärzte. Der berühmte Gladiatoren- und spätere Hofarzt Galen hat neben vielen anderen Schriften auch einen kleinen Ratgeber über das Ballspiel verfasst. Bevor er es als auch für ältere Menschen geeignete sportliche Aktivität propagierte, hatte das ein gewisser Spurinna schon vorgelebt: Er spielte noch als 78-Jähriger jeden Tag Ball – „intensiv und lange, denn auch mit dieser Art körperlicher Betätigung kämpft er gegen das Alter an“, berichtet der Jüngere Plinius mit großer Bewunderung.[56] Die Liste prominenter römischer Ballspieler ist lang: Sie umfasst Cato Uticensis, den unbeugsamen Verteidiger der römischen Republik und die Lichtgestalt der Stoa,[57] Caesar und Augustus, aber auch den „Philosophenkaiser“ Marc Aurel.

Es gab unterschiedliche Bälle: Die mit Haaren oder Federn gefüllte *pila* und die *follis*, eine mit Luft gefüllte Schafs- oder Ziegenblase.[58] Und es gab natürlich verschiedene Spiele, bei denen geworfen, geprellt und gefangen wurde, Spieler in einem Dreieck (*trigon*) standen oder auch als Mannschaften gegeneinander kämpften. Fußball war kein in der Antike prakti-

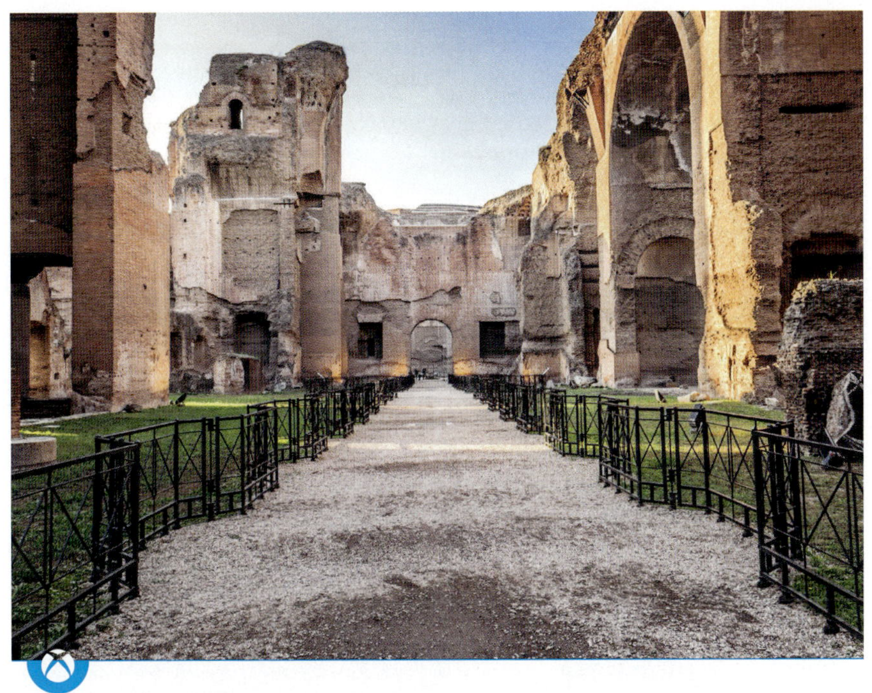

Sport und Baden für Tausende zur gleichen Zeit: Selbst noch in ruinösem Zustand sind die Caracalla-Thermen eindrucksvoll.

zierter Sport,[59] wohl aber Prellball und eine Art Völkerball (*harpastum*), bei dem ein Spieler inmitten eines Kreises anderer Spieler stand und versuchen musste, den Ball zu fangen (siehe S. 24).

Regeln und Technik kennen wir für die meisten römischen Ballspiele nicht. Mitspieler und Assistenten wie Punktezähler und Balljungen zu finden, war in den stets stark frequentierten Thermen und angesichts der Popularität des Ballsports kein Problem. Wer wollte, konnte natürlich auch eigene Regeln erfinden. Beim Prellballspiel nicht die gefangenen, sondern die heruntergefallenen Bälle als Punkte zu zählen, war Ausdruck eines Snobismus, mit dem Petron in seinen *Satyrica* den neureichen Aufsteiger Trimalchio charakterisiert. Auffallen um jeden Preis – Trimalchio weiß, wie man's macht: Spätestens als er sich während des Ballspiels einen Nachttopf unterhalten lässt und seine Blase entleert …[60]

Wer selbst weniger an aktivem Sport interessiert war, schaute schon einmal den Ballspielern zu. Der eine oder andere Zuschauer war freilich nicht ohne Hintergedanken. Mahlzeitenjäger nutzten die Situation, um

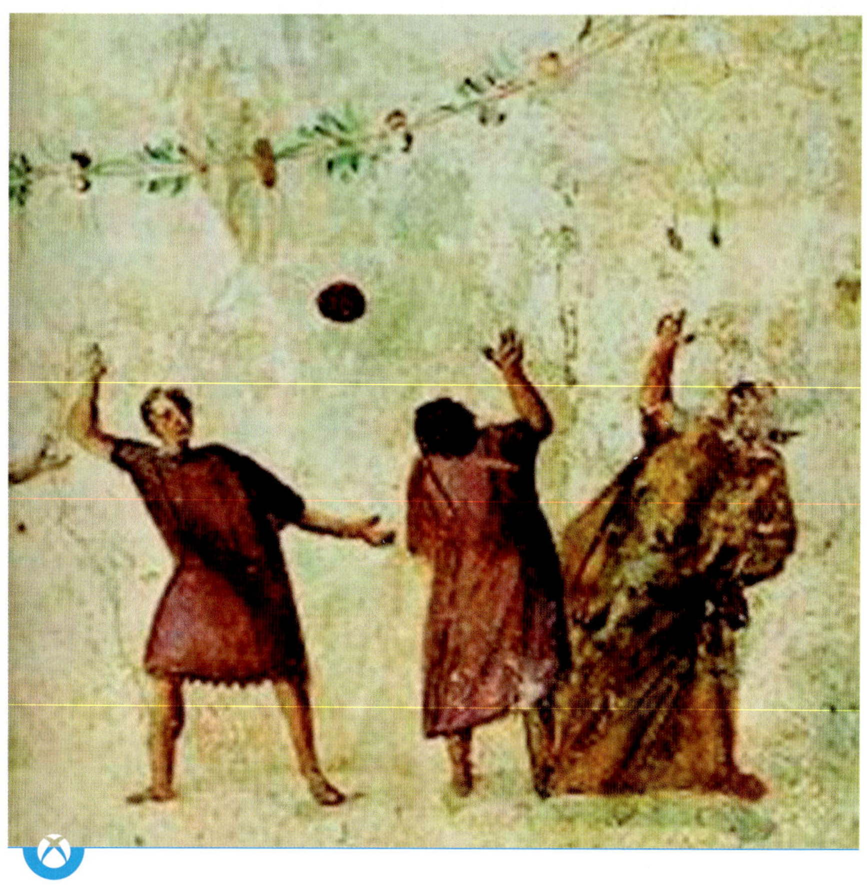

Römer beim Ballspiel. Fresko aus einem Grab an der Via Portuense, Rom, frühes 2. Jh.

aufdringlich für eine Einladung zum Essen zu werben. So etwa ein (fiktiver) Menogenes, „dem du in den Thermen und um die Bäder herum nicht entkommst". Er versucht es mit allen Tricks: „Er wird die aufgefangenen Bälle oft zu deinen Gunsten zählen, den schlaffen Ball aus dem Staub hochnehmen und dir zurückbringen, auch wenn er schon gebadet hat und seine Sandalen schon wieder anhat."[61]

Der mit dem Glasball zaubert – Thermenliebling Ursus

Als aktiv betriebener Sport war das Ballspiel ein weithin praktiziertes Freizeitvergnügen, geradezu ein Volkssport, den Seneca mit dem ebenso populären Brettspiel und dem Sonnenbaden auf eine Stufe stellt.[62] Aber zu einem Zuschauer begeisternden Kampfsport hat es sich in Rom nie entwickelt. Es hat nie die Massen in die römischen Stadien gelockt, sondern blieb als Leibesübung auf das Marsfeld, die öffentlichen und privaten Thermen und die Gymnasien in den Villen der Reichen beschränkt. Wer mehr als nur ein paar Zuschauer anlocken wollte, musste sich etwas Besonderes einfallen lassen – eine Kunstfertigkeit im Jonglieren mit dem Ball oder ähnliche Kabinettstückchen. Dass es so etwas gegeben hat, erfahren wir aus einer ganz singulären Inschrift. Sie ist metrisch gebunden, in iambischen Senaren verfasst, und feiert die Erfolge eines passionierten Ballspielers, der mit seinen Shows zu einem „Thermenliebling" aufstieg: „(Ich bin) Ursus, der ich als erster Römer mit dem gläsernen Ball / anmutig mit meinen Mitspielern gespielt habe. / Das Volk lobte mich, und laute Zurufe erschollen / in den Trajans-Thermen, den Thermen des Agrippa und des Titus, / viel auch in den Thermen Neros. Glaubt's mir ruhig / und schmückt, Freunde, meine Statue mit Blumen, Veilchen und Rosen …!"[63]

Ursus war offensichtlich ein Entertainer, der mit einer Besonderheit, einem gläsernen Ball, auftrat, aber nicht nur als Alleinunterhalter, sondern auch unter Einbeziehung von Mitspielern. Zu Beginn des 2. Jh.s erntete er in den großen Thermen Roms wahre Beifallsstürme.

Mosaiken, Statuen, Stuck – baden und spielen in luxuriösem Thermenglanz

Die Thermen waren überall im Imperium Romanum ein Dorado für (männliche) Sporttreibende, für Athleten aller Disziplinen, darunter auch Läufer,[64] für Ballspieler und Gewichtheber. Insofern verwundert es nicht, dass das bekannteste Athleten-Mosaik aus den Caracalla-Thermen stammt. Es schmückte einst die halbrunden Erker (Exedren), die sich an die Palästren anschlossen. Die Bildfelder (siehe S. 26) zeigen unbekleidete Athleten mit Palmzweigen als Siegestrophäen und Gerätschaften ihrer jeweiligen Sportart: Speer- und Diskuswerfer, Faustkämpfer sowie einige Schiedsrichter. Vermutlich handelt es sich um bekannte Profisportler ihrer Zeit; Beischriften mit Namen bilden allerdings die Ausnahme. Der Mosaizist hat seine „Helden" als Muskelprotze dargestellt, aber nicht gerade als Ausbund von Intelligenz: Manche Physiognomie wirkt ungeschlacht bis brutal.

Und was ist mit dem Schwimmen? War das nicht die dem Genius loci am meisten huldigende Aktivität der Thermenbesucher? Individuelle Vorlieben mag es in dieser Hinsicht gegeben haben, aber der Lieblingssport der meisten Thermengäste war das Schwimmen nicht. Man zog es vor, in

Wannen und Becken mit warmem Wasser zu relaxen. Indes konnte, wer wollte, auch ein paar Züge in der *natatio*, dem Schwimmbecken, tun. Meist waren die unter freiem Himmel gelegenen *natationes* ziemlich klein, sodass sich nur wenige Schwimmer gleichzeitig darin tummeln konnten. Die Caracalla-Thermen verfügten allerdings über ein Becken von wahrhaft olympischen Ausmaßen: 50 m lang und 22 m breit. Die geringe Tiefe von rund 1 m bot sich indes nicht für einen beherzten Sprung ins kühle Nass an.

Die rund 20 m hohe Begrenzungswand an der Nordseite des Schwimmbeckens wies zahlreiche Nischen auf, in denen Statuen standen. Hier wie überall in den Kaiserthermen vereinten sich wunderbare Kunstwerke, reiche Ornamentik und wertvolle Materialien zu einem Ambiente des Luxus, wie es modernen Schwimmbädern und Sportstätten fremd ist. Wer hier seinen sportlichen Neigungen nachging, brauchte auf kulturellen Glanz nicht zu verzichten: *omnis cultus*, „jedweder Schmuck", oder *omnis splendor*, „jedweder Glanz", mit dem Bauherren und Sponsoren römischer Thermen warben, war alles andere als eine Hohlformel.[65] Im *splendor thermarum*,[66] dem „Glanz der Thermen", konnten sich auch diejenigen sonnen, die unter Schwitzen und Getöse ihren Körper durch Sport stärkten.

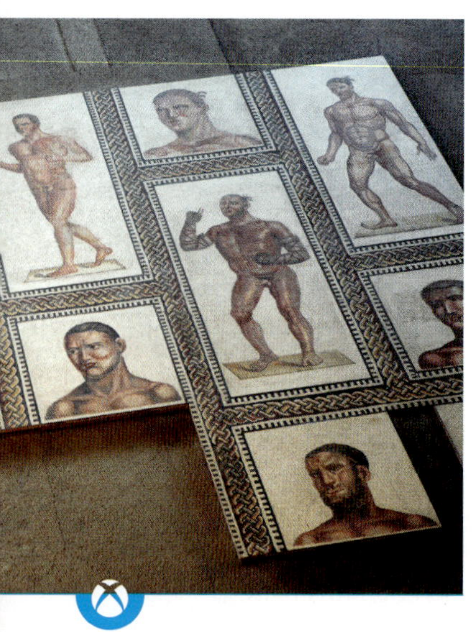

Nicht schön, aber entschlossen: Athleten in einem Mosaik aus den Caracalla-Thermen.

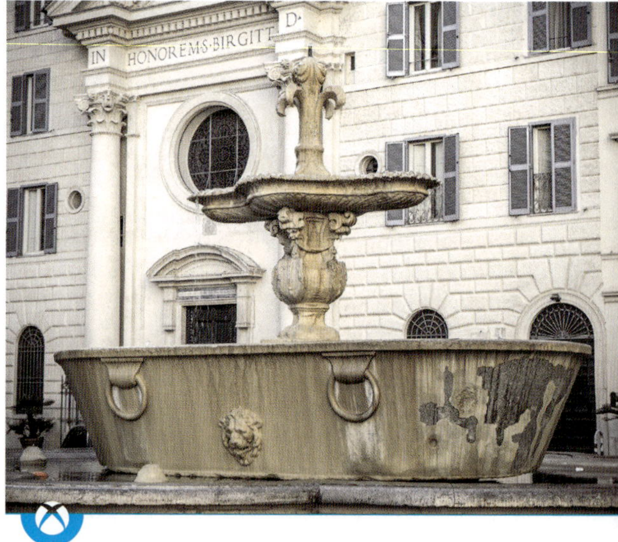

Warmwasser-Wanne aus einem römischen „Thermenpalast", wahrscheinlich aus den Caracalla-Thermen. Für die Piazza Farnese wurde sie im 17. Jh. zu einer Brunnenschale umfunktioniert.

Der Circus Maximus – Schau-Platz der Raserei

Der Dichter Rutilius ist unterwegs auf einer der großen Konsularstraßen. Rom liegt schon ein paar Kilometer hinter ihm, die Geräusche der Millionenmetropole sind allmählich verebbt. Plötzlich aber ein tosender Lärm, ein Aufschrei aus Zehntausenden Kehlen, der nur langsam nachlässt, um wenige Minuten später erneut in einem gewaltigen Crescendo aufzubranden. Den Reisenden packt Wehmut: „Immer wieder dröhnt der Lärm der Circusspiele an meine verzückten Ohren.“[67] Könnte er jetzt doch dabei sein und den *furor circi* genießen …

Furor circi, die „Raserei des Circus“ – das hört sich nicht unbedingt nach nostalgischem Genuss und fröhlichem Feiern an. Aber „echte“ Römer genossen gerade diesen „Wahnsinn“, dieses Toben, diesen ohrenbetäubenden Krach. Hier, im Circus Maximus, konnte man aus sich herausgehen, einander jubelnd in den Armen liegen, wenn die eigene „Farbe“ gewonnen hatte, dem siegreichen Wagenlenker frenetisch zuwinken oder eben sich mit anderen Enttäuschten gemeinsam lautstark ärgern und gegnerische Gespanne mit Buhrufen und Beleidigungen überziehen. Der Circus Maximus war ein Hexenkessel der Emotionen, ein Hort der Ausgelassenheit, Leidenschaftlichkeit und auch Hemmungslosigkeit.

Begeistert oder verrückt? – Fanverhalten im Circus und außerhalb

Dabei eskalierte die Situation eher selten zu Krawallen oder gar Gewalttätigkeiten – sofern unsere Quellen zuverlässig berichten. Ganz sicher ist das nicht; denn der Kaiser als oberster Spielgeber war daran interessiert, eine negative Berichterstattung zu vermeiden und gelegentliche *furor*-Exzesse herunterzuspielen. Trotzdem dürfte sich physische Gewalt unter Zuschauern in Grenzen gehalten haben. Verbale Gewalt dagegen nicht. Da wurde ordentlich Radau gemacht: „Nachdem das Starttuch geworfen ist, geht es los mit Raserei, Zorn und Streit. Es kommt zu Schmähungen, zu Schimpfwörtern ohne wirklichen Grund für Hass, aber auch zu Anfeuerungsrufen ohne wirklichen Grund für Zuneigung.“ So schildert es der christliche Kirchenvater Tertullian, dem jedes Verständnis für dieses „grundlose“

Überborden von Emotionen abgeht. Sein nüchternes Resümee: „Die Zuschauer sind traurig über fremdes Unglück und freuen sich über fremdes Glück.“[68]

Das ist der kopfschüttelnde Blick von außen, für den „die Zuschauer im Circus Maximus das größere Schauspiel“ waren.[69] Die Rennsport-Begeisterten dagegen – und das war die große Mehrheit der Römer quer durch alle Schichten – genossen das Spektakel. Spektakel in der doppelten Bedeutung des Wortes: Zum einen als *spectaculum*, „Schau-Spiel“, bei dem von morgens bis abends Sehenswertes mit hohem Wettkampf-Thrillfaktor geboten wurde, zum anderen als Event mit hohem Mitmach- und Identifikationsfaktor: Eine unglaubliche Stimmung, und man war selbst mittendrin als Stimmungsmacher wie als Stimmungsgenießer.

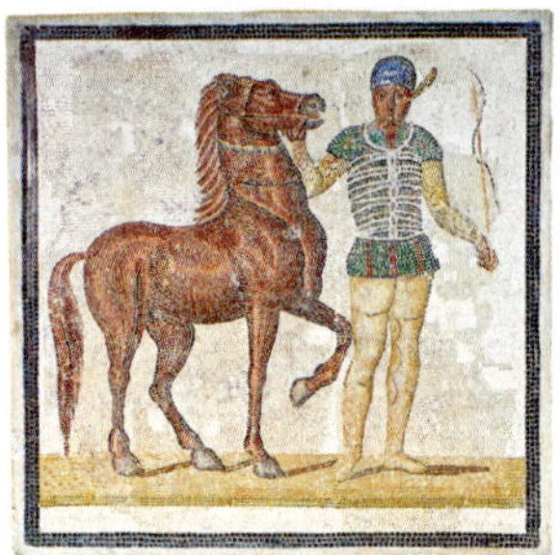

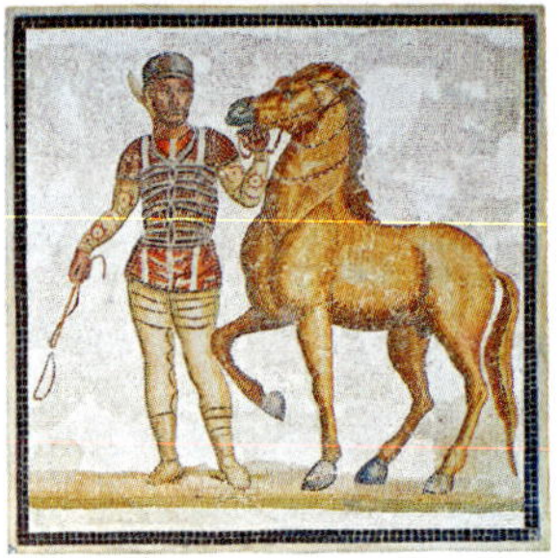

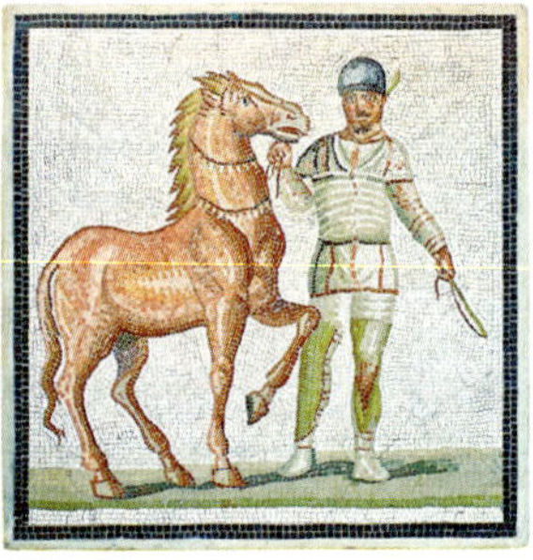

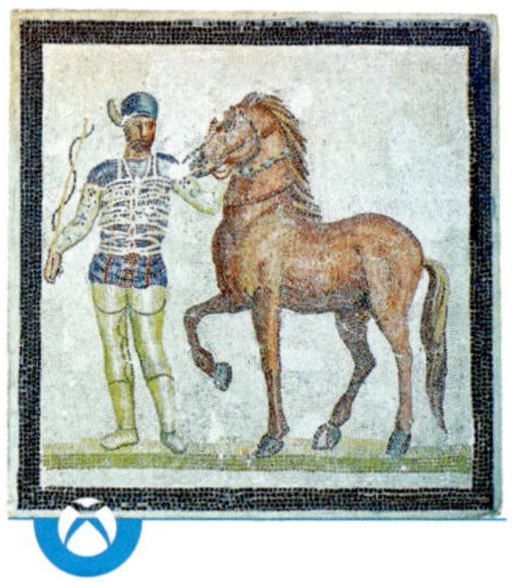

Wagenlenker der vier Circus-„Farben“, je mit dem Leitpferd ihres Viergespanns. Mosaik aus einer Villa an der Via Cassia, um 200.

Die wenigen Kritiker, die wie der Jüngere Plinius dem Wagenrennen-Spektakel wenig abgewinnen konnten und auch im sportlichen Wettkampf „nicht den geringsten Reiz“ zu sehen vermochten, sondern „nichts Neues, nichts Abwechslungsreiches, nichts, was einmal gesehen zu haben nicht ausreichen würde“, entdecken konnten, waren fast schon Exoten.[70] Der normale Römer war Wagenrennen-Enthusiast, Anhänger einer der vier Farben und unterhielt sich mit seinen Freunden und Bekannten über alles, was am letzten Renntag geschehen war und am nächsten Renntag bevorstand. „Nicht einmal die Lehrer reden mit ihren Schülern über irgendetwas häufiger“, merkt Tacitus ebenso kritisch wie übertreibend an.[71] Auf Partys und bei zufälligen Begegnungen waren die *circenses* Stadtgespräch,[72] und es gab sogar „Verrückte“, die den Ausgang einzelner Rennen mit in der Siegesfarbe bestrichenen Brieftauben nach Hause meldeten.[73]

Und was war mit den Römer*innen*? Da gibt es zwar deutlich weniger Quellenzeugnisse, aber es spricht einiges dafür, dass auch die meisten Frauen sich für die Wagenrennen begeisterten. Auch sie strömten in großer Zahl in den Circus Maximus, und da es dort anders als im Theater und Amphitheater keine Trennung der Geschlechter gab, war der Circus Ovid zufolge eine aussichtsreiche „Location“ für Flirten und mehr. Aber Vorsicht! Wer ein Auge auf eine Dame geworfen hatte, sollte sich tunlichst erkundigen, welcher Farbe sie die Daumen drückte – und sich dann, auch wenn er innerlich eine andere Präferenz hatte, zur selben Farbe bekennen.[74] Prioritäten setzen, hieß es da, mochte es auch noch so schwer fallen, die eigene Rennpartei zu verleugnen …

„Quäle, Dämon, die Pferde der Grünen und töte sie …“ – Fluchtafeln mit „frommen“ Wünschen

Natürlich war das Fanverhalten der Menschen in der römischen Antike genauso verschieden wie heutzutage. Viele hatten ihre Vorliebe, aber sie „kämpften“ nicht dafür, andere machten ihren Lieblingsrennstall regelrecht zu ihrem Lebenssinn und wohnten gedanklich geradezu im Circus. Der spätantike Historiker Ammianus Marcellinus rümpft die Nase über solche Hardcore-Fans: „Ihnen ist der Circus Maximus Tempel und Wohnung, Versammlungsort und Ziel aller ihrer Hoffnungen.“ Das Alter schützte diese „Ultras“ nicht vor Torheit. Im Gegenteil, „unter Berufung auf ihre grauen Haare und ihre Falten kreischen sie fast pausenlos herum, der Staat könne keinen Bestand haben, wenn beim nächsten Rennen nicht der, auf den sie gerade wetten, als Erster aus den Startboxen komme …“.[75]

Was die Zahl dieser „Ultras“ angeht, übertreibt der Geschichtsschreiber stark, was ihre Entschlossenheit und Hingabe anbelangt, gibt ihm eine Reihe konkreter Beispiele römischer Hippomanie recht. Manche Extremisten griffen zu fragwürdigen Mitteln. Weil der Zugang zu den Stallungen der Rennparteien gut gesichert war, waren kriminelle Übergriffe und Attacken wenig aussichtsreich. Wohl aber verbündete man sich gern mit imaginären Dämonen, die in der Nähe des Circus Maximus hausten, und bat sie mit einem im Boden vergrabenen bleiernen Fluchtäfelchen um Hilfe: „Die Wagenlenker der roten Partei … sollen nicht leben können, ihre Pferde nicht beherrschen, die Zügel nicht festhalten können“, heißt es da in einer typischen Fluchtafel aus Afrika und: „Die Pferde sollen stürzen und sich übelst die Knochen brechen.“[76] Noch brutaler wurde es, wenn der Dämon aufgefordert wurde, „die Pferde der Grünen und Weißen zu quälen und zu töten, die Wagenlenker Clarus, Felix, Primulus und Romanus umzubringen, sie kollidieren und ihnen keinen Lebenshauch zu lassen“.[77] Mehrere Hundert solcher „freundlichen“ inschriftlichen Bitten sind bislang entdeckt worden. Das ist sicher nur die Spitze eines Eisberges. Was aber, als dann das Christentum den Ton angab und damit die jahrhundertealten Warnungen der Kirchenväter vor den „teuflischen“ Circusspielen auf fruchtbareren Boden fallen konnten? Die Rennsportfans lernten dazu. Zwar gruben sie immer noch solche Fluchtafeln im Boden ein: „Bindet den Wagenlenker Eucherius morgen im Circus von Rom fest, bringt ihn zu Fall, vernichtet ihn!“, aber die Adressaten hatten sich geändert. Nicht mehr heidnischen Dämonen galt die dringende Bitte, sondern „den Engeln und Heiligen“.[78]

Kaiserliche Pferdenarren – News und Fake News

Die Leidenschaft für Pferde und Wagenrennen war nicht auf die kleinen Leute beschränkt. Auch viele Angehörige der Oberschicht waren mit diesem „Virus“ infiziert – einschließlich mancher Kaiser, über die wegen ihrer Prominenz detaillierte Nachrichten vorliegen. Als Circus- und Pferdefans auf dem Kaiserthron galten Caligula, Nero, Domitian, Commodus und Elagabal. Als *der* Pferdenarr schlechthin unter den Caesaren wird bis heute Caligula gehandelt. Sicher ist, dass er seinem Lieblingshengst Incitatus („Heißsporn“) ein luxuriöses Domizil mit einem Stall aus Marmor, einer Krippe aus Elfenbein, purpurnen Decken und mehreren „BedienSklaven“ spendierte.[79] Aber dass er ihn zudem zum Priester geweiht und sogar geplant hätte, ihn zum Consul zu ernennen, dürfte schlicht erfunden sein.[80] Der Hauptstadt-Klatsch schoss schon in republikanischer Zeit arg ins Kraut, und manche römischen Historiker waren dankbar, wenn sie ihre Geschichtswerke mit solchen Skandalhistörchen würzen konnten. An die Tatsache, dass Caligula sich häufig im Hauptquartier der Grünen zeigte, dort speiste und die Nacht in den Stallungen verbrachte, ließen sich manche Fake News andocken …

Einige Kaiser protegierten „ihre“ Farbe ziemlich ungeniert mit Manipulationen, die im Einzelnen nicht überliefert sind. Ebenso wie Caligula favorisierte Nero die Grünen – weshalb Spötter „grüne“ Siege nach Neros Tod deutlich höher bewerteten als während seiner Regierungszeit.[81] Immerhin griff Nero nicht zu so drastischen Mitteln, wie sie seinem Vorgänger Caligula nachgesagt wurden: Der soll befohlen haben, Pferde und Wagenlenker gegnerischer Parteien zu vergiften.[82] Ob das stimmt, wird man nie erfahren. Immerhin spricht es Bände, dass ein solcher Verdacht überhaupt aufkommen konnte …

Sitzen, schauen und flirten nach dem „Gesetz des Ortes"

Angesichts des gewaltigen Enthusiasmus der Römer für Wagenrennen erstaunt es nicht, dass der Circus Maximus stets voll besetzt war, selbst wenn er in der letzten Ausbaustufe rund einer Viertelmillion Zuschauern Platz bot. Das waren alles Sitzplätze, allerdings aus hartem Stein und Holz, die man sich durch ein mitgebrachtes Sitzkissen bequemer machte. Auch Fußbänkchen waren beliebt. Die Zuschauer saßen dicht an dicht. Und eben auch die Zuschauerinnen, sodass körperliches erotisches Anbandeln nicht besonders aufdringlich gewirkt haben mag, sondern der *lex loci* entsprach, dem „Gesetz des Ortes". „Wellenbrecher" in Form von Absperrungen verhinderten, dass sich eine große Zuschauermasse unkontrolliert in Bewegung setzte.[83] Auch nach hinten war wenig Platz; daher musste der Kavalier achtgeben, dass ihm von den Knien des Hintermannes im Rücken des Mädchens keine amouröse Konkurrenz erwuchs.[84]

Der Komfort auf den Sitzplätzen entsprach sicher nicht dem, was heutigen Theater- und Kinobesuchern geboten wird. Es war schon reichlich ungemütlich, einen ganzen Renntag lang im Circus zu verbringen, auch wenn man zwischenzeitlich vor Spannung fiebernd oder zum Jubeln ab und zu aufsprang. Man könnte sagen: Dem großen Sport auf der Wettkampfbahn des Circus entsprach auch eine sportliche Leistung des zuschauenden Publikums. Die körperliche Anstrengung, von manchen sicher auch als *labor*, „Strapaze", empfunden, wurde indes durch Schaugenuss und Thrill kompensiert. Kaum ein Zuschauer dürfte seinen Platz aufgegeben haben, solange nicht das letzte Rennen des Tages gelaufen war. Und der Renntag umfasste sämtliche hellen Stunden des Tages – vom Morgen bis zum Abend! Für das ungemütliche Sitzen wurden die Zuschauer auch durch ein prachtvolles Ambiente entschädigt, durch den Blick auf edle Baumaterialien wie Travertin und Marmor, erlesene Kunstwerke auf der *spina*, dem „Rückgrat" des Circus, und (seit dem 1. Jh.) vergoldete Startboxen für die Gespanne.[85]

Von der Natur-Arena zum „Abbild des Himmelzeltes" – ein majestätischer Riesenbau

Ursprünglich eine natürliche Senke zwischen Palatin und Aventin mit den grasbewachsenen Abhängen der beiden Hügel als Zuschauer-„Raum", wurde der Circus Maximus seit dem 3. Jh. v. Chr. allmählich zu einer „echten" Rennbahn mit architektonischen Strukturen ausgebaut. Zur Zeit Caesars erhielt er seine bleibende Grundstruktur: Die *cavea*, der Zuschauerraum,

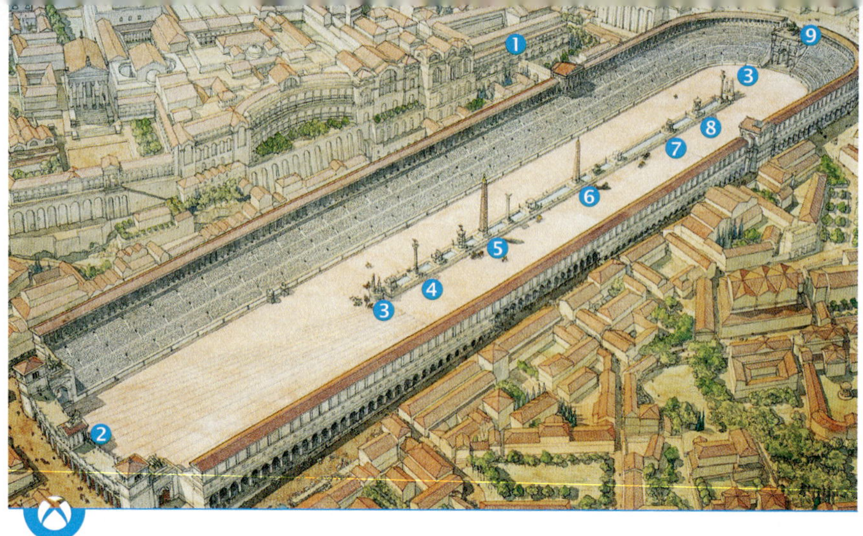

Jean-Claude Golvins Rekonstruktion des Circus Maximus.
1 Loge der Götter und des Kaisers, 2 Startboxen, 3 Wendemarken, 4 Sieben Delfine (Rundenzähler), 5 Obelisk Constantius' II., 6 Obelisk des Augustus, 7 Altar des Sol, 8 Sieben Eier (Rundenzähler), 9 Triumphbogen des Titus

gliederte sich in drei Ränge. Die hölzernen Sitzbänke wurden mit der Zeit in Stein und Marmor ersetzt; nur im obersten Rang blieben sie – wohl vorwiegend aus statischen Gründen – aus Holz. Diese Holzkonstruktion hielt der enormen Belastung durch Zehntausende von Zuschauern nicht immer stand. Konnte zur Zeit des Augustus eine gefährliche Massenpanik gerade noch durch die Geistesgegenwart des Kaisers verhindert werden, als eine Tribüne bedenklich zu wackeln begann,[86] so kam es unter der Regierung des Antoninus Pius (138–161) tatsächlich zur Katastrophe. Beim Einsturz einer Tribüne kamen 1.112 Menschen ums Leben; und gegen Ende des 3. Jh.s ereignete sich ein ähnliches Unglück mit noch viel schlimmerem Ausgang: angeblich 13.000 Tote.[87] Auch wenn diese Zahl zu hoch erscheint, zeigten sich hier doch ganz erhebliche Sicherheitsrisiken, die tendenziell auch von anderen vergleichbaren Großbauten bekannt waren.

Gleichwohl zählte der Circus Maximus zu den repräsentativsten Bauwerken des alten Rom. Mit seiner dreistöckigen Außenfassade wirkte er als imposanter, fast einschüchternder Monumentalbau – „eines der schönsten und bewundernswertesten Monumente Roms", stellte der Grieche Dionysios von Halikarnass im Jahr 7 v. Chr. fest. Das Fassungsvermögen gibt er mit 150.000 Sitzplätzen an.[88]

Rund hundert Jahre später – nach drei Riesenbränden, die den Circus jeweils zu großen Teilen zerstört hatten, und jedes Mal prächtigeren Neubauten hätte Dionysios zu neuen Superlativen greifen müssen. Schwärmerische Geister fühlten sich tatsächlich an ein „Abbild des Himmelszeltes" erinnert,[89] und es entsprang nicht nur schmeichelnder Herrscherpanegyrik, wenn der Jüngere Plinius den Circus Maximus als Stätte bezeichnet, „die würdig des Volkes ist, das über die Völker gesiegt hat, und die nicht nur wegen der dort stattfindenden Aufführungen sehenswert ist, sondern auch um ihrer selbst willen: ein prachtvoller Anblick!".[90]

Ohne Zweifel gehörte der Circus Maximus zu den grandiosen öffentlichen Bauten, die *maiestas* ausströmten, „Majestät" und „Hoheit" – und ausströmen sollten. Die Römer sollten stolz sein auf den zivilisatorischen Triumph, der sich in dieser Architektur spiegelte. Mittlerweile war die Kapazität von 150.000 Zuschauern auf rund 250.000 erweitert worden.[91] Seit den Zeiten des mythischen Stadtgründers Romulus hatte sich einiges geändert. Der soll dort der Legende nach während des ersten in der Talsenke veranstalteten Wagenrennens den Raub der Sabinerinnen organisiert haben, als „das Volk noch auf gestuften Rasenschollen saß …".[92]

Eier und Delfine, Statuen und Obelisken – ein Rückgrat zu Ehren „teuflischer Geister"

Von der Pracht ist heute nichts mehr übrig. Die wenigen Ruinen im Südosten lassen keinen Rückschluss auf den gewaltigen Bau zu, der hier einst mit den Palästen des Palatins um glanzvolle Monumentalität wetteiferte. Nur die Form der Rennbahn hat sich erhalten und erinnert mit dem Grasbewuchs an die Ursprünge des Circus Maximus als Natur-Arena in grauer Vorzeit. Deutlich erkennbar ist aber auch noch die *spina*. Das „Rückgrat" teilte den Circus in zwei Bahnen, eine Aufmauerung, die an beiden Längsseiten von den *metae*, den gefürchteten Wendemarken aus vergoldeter Bronze, abgeschlossen wurde. Wagenrennen waren im alten Rom eine im Kult wurzelnde Festveranstaltung. Das war allen Beteiligten trotz deutlicher Säkularisierungstendenzen natürlich bewusst. Dank der *spina* – genauer gesagt: dank den auf ihr errichteten Bauten – konnte das niemand

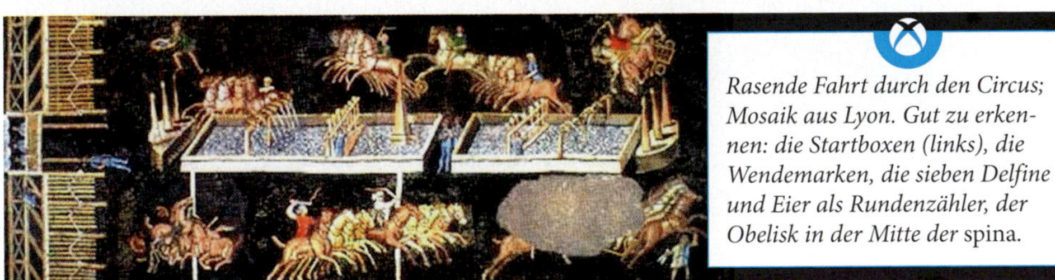

Rasende Fahrt durch den Circus; Mosaik aus Lyon. Gut zu erkennen: die Startboxen (links), die Wendemarken, die sieben Delfine und Eier als Rundenzähler, der Obelisk in der Mitte der spina.

übersehen. Die breite Trennmauer wurde von zahlreichen Altären und Tempelchen für bedeutende und weniger bedeutende Gottheiten geschmückt, außerdem durch Kultstatuen etwa der aus Kleinasien „importierten" „Großen Göttin" (Magna Mater) und der Siegesgöttin Victoria.

Als Rundenanzeiger dienten je sieben auf Gestelle montierte Eier und Delfine aus Marmor, die ebenfalls kultische Bedeutung hatten. Das alles überragende Monument aber war seit augusteischer Zeit ein gewaltiger Obelisk. Im Jahr 10 v. Chr. ließ Augustus den Monolithen von 23,7 m Höhe aus dem ägyptischen Heliopolis nach Rom schaffen. Das eigens dafür gebaute Lastschiff diente noch Jahrzehnte später als touristische Attraktion.[93] Der dem Sonnengott Sol geweihte Obelisk, der heute die Piazza del Popolo krönt, trug eine Weihinschrift für Sol und vermerkte zugleich, dass dieses Geschenk erfolgte, „nachdem Ägypten in die Gewalt des römischen Volkes gebracht worden war".[94] Auch wenn die Menschen das von ihren Sitzplätzen aus nicht lesen konnten (falls sie überhaupt des Lesens kundig waren), war doch den allermeisten die „Message" klar, die von dieser die *spina* überstrahlenden monolithischen Trophäe ausging: Sie war ein Symbol für die Supermacht Rom, die ihren Bürgern neben monumentalen Prachtbauten auch luxuriöse *circenses* bot, von denen andere nur träumen konnten.

Dreieinhalb Jahrhunderte später überlegte Kaiser Constantius II., der nunmehr in Konstantinopel residierte, wie er das Andenken an seinen Rom-Besuch im Jahr 357 nachhaltig gestalten könne. Er entschied sich dafür, einen zweiten Obelisken auf der *spina* des Circus Maximus aufstellen zu lassen, mit 32,5 m einen noch größeren – und tatsächlich den höchsten, der je in Rom aufgestellt worden ist. Zeitgenössischen Berichten zufolge brauchte es die Muskelkraft mehrerer Tausend Menschen, um den Koloss mit Kränen aufzustellen. Ammianus hat uns eine lebendige Darstellung dieses Kraftaktes hinterlassen, an dessen Durchführbarkeit viele gezweifelt hatten.[95] Auch dieses Monument hat sich über die Jahrtausende retten können. Es beherrscht heute den Platz vor der Basilica San Giovanni in Laterano.

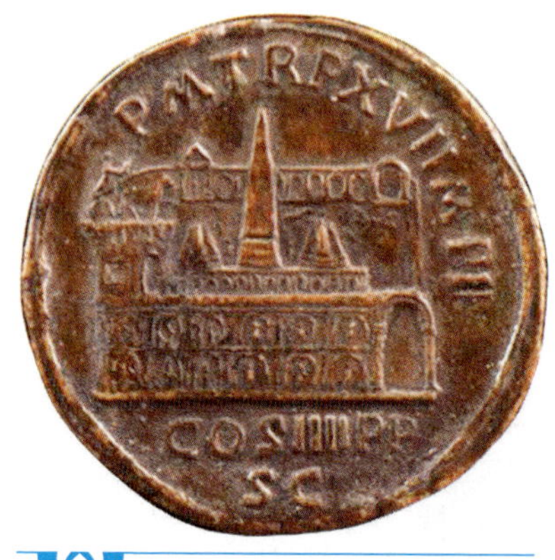

Sesterz aus der Zeit Kaiser Caracallas, 210–213 n. Chr., mit Darstellung des Circus Maximus.

Der Schmuck der *spina* unterstrich den kultischen Charakter der Circusspiele auf nicht zu übersehende Weise. Daher verboten die Kirchenväter ihren Mitchristen nachdrücklich den Besuch dieser durch und durch heidnischen Stätte. Tertullian schließt seine Beschreibung der *spina* mit einer unmissverständlichen Warnung ab: „Pass gut auf, Christ, wie viele unreine Namen sich des Circus bemächtigt haben! Er ist ein für dich fremdes Terrain, das von so vielen teuflischen Geistern in Besitz genommen worden ist!“[96]

Diese „teuflischen Geister“ erhielten zu Beginn eines Renntages bzw. einer mehrtägigen Festperiode eine besondere Hommage, und zwar in Form einer glanzvollen, bunten Prozession, der *pompa circensis*. Sie fand etwa ein Dutzend Mal pro Jahr statt und wurde vom leitenden Beamten oder vom Kaiser angeführt. Es folgten weitere Beamte mit ihrem Stab, Jugendliche in militärischer Formation, die Wagenlenker und andere Aktive, Waffentänzer und in Bocksfelle gehüllte „Satyrn“, Musiker, Träger wertvoller Prachtgefäße und am Ende Götterbilder auf Tragegestellen, begleitet von Priestern und Angehörigen religiöser Körperschaften. In der Kaiserzeit wurden auch Bilder von Angehörigen der Herrscherfamilie gezeigt. Unter dem Beifall des Publikums zog die Prozession in den Circus ein und drehte eine Runde, wobei die Zuschauer, wenn ihre Lieblingsgottheit vorbeikam, besonders laut applaudierten.[97] Das Ganze war eine prächtige Show für alle Sinne – ein Defilee der Götter vorbei an ihrem Volk, ein Spektakel der Einheit und Einigkeit und natürlich ein kultisches Ereignis von Rang, das mit einem Opfer abgeschlossen wurde. Die Götterbilder wurden auf Kissen gebettet; sie waren nicht nur normale Ehrengäste, sondern die Gäste, zu deren Ehren die Spiele stattfanden.

Finanzstarke Renngesellschaften und draufgängerische „Lieblinge des Beifalls“

Dann begannen die Rennen. Pro Tag waren es 24 Wettbewerbe. Die meisten wurden mit Viergespannen ausgetragen, mit jeweils drei pro Rennpartei (*factio*). Die Grünen, Blauen, Roten und Weißen hatten ein Oligopol: Sie stellten ihre Pferde, Wagen und Wagenlenker mitsamt dem notwendigen personellen Apparat dem Ausrichter der *circenses* zur Verfügung – gegen hohe Verleihgebühren. Der Versuch, zwei weitere Rennställe zu etablieren, musste rasch wieder aufgegeben werden – hauptsächlich wohl wegen der starken Loyalitätsbande der Zuschauer zu den traditionellen Rennställen. Diese *factiones* waren finanzstarke Unternehmen; jede *factio* hatte deutlich mehr als 500 Pferde, Scouts, die überall im Imperium nach tierischen und menschlichen Talenten Ausschau hielten, und ein vielköp-

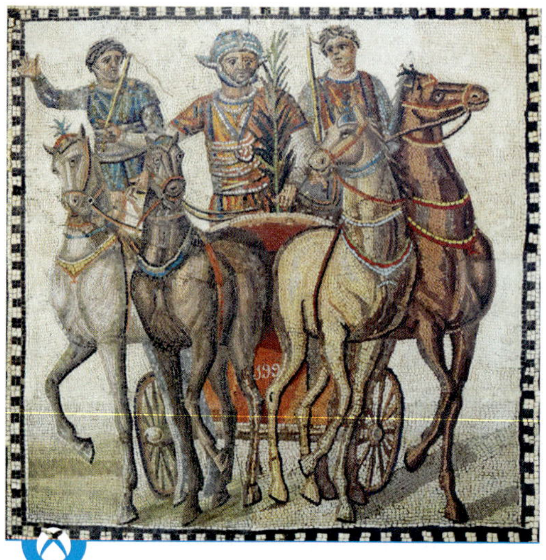

Der Palmzweig weist den Lenker des Viergespanns als Sieger in einem Rennen aus. Mosaik aus Spanien, 3. Jh. Viele Wagenlenker waren Sklaven oder Freigelassene. Wer den Job gut machte, konnte im Lauf seiner Karriere zu Ruhm und Reichtum gelangen.

figes Team von Stallburschen, Handwerkern, Veterinären, Verwaltungsangestellten, ja sogar eigene Einpeitscher (*hortatores*), die den Fahrern während der halsbrecherischen Fahrt und den eigenen Fans ordentlich „einheizten".

Die wichtigsten Akteure der Rennställe waren nach den Chefs (*domini factionum*) natürlich die Wagenlenker. Viele von ihnen waren Sklaven, die den Rennställen gehörten, viele auch Freigelassene. Trotz des Ruhms und Reichtums, den Spitzenfahrer im Laufe einer Karriere erwerben konnten, meldeten sich nur wenige Freigeborene zur Ausbildung als Wagenlenker. Das war gesellschaftlich so gewollt: Wer zur Unterhaltung von Menschen öffentlich auftrat, verlor in Rom seine Ehre. Er galt als *infamis*, „verrufen", und musste auch in juristischer Hinsicht gravierende Nachteile hinnehmen.[98] Wer aber von gesellschaftlich ganz unten kam und aufsteigen wollte, für den war der Rennsport eine große Chance: Sklaven und Freigelassene hatten in Sachen Renommee nichts oder nur wenig zu verlieren, als erfolgreiche Wagenlenker aber ungeheuer viel zu gewinnen. Wer tausend Siege eingefahren hatte, gehörte zur Crème der *milliarii* (*mille*: „tausend"). Aber auch darunter war genügend Platz, es zur umjubelten, von Anhängern verehrten, von Dichtern besungenen „Celebrity" zu bringen und von den Preisgeldern fürstlich zu leben. Der Starrummel, der sich um die besonders erfolgreichen „Helden" des Circus entwickelte, ist mit heutigen Verhältnissen im Sport- und Popbereich durchaus vergleichbar. Den Part von Yellow-Press-Journalisten übernahmen damals prominente Poeten wie Martial, der beispielsweise den Wagenlenker Scorpus als *clamosi gloria circi* und als *plausus deliciae* pries, als „Ruhm des lärmenden Circus" und „Liebling der Beifallsstürme".[99]

Allerdings war der Weg zum Liebling der Massen im Circus Maximus steinig, entbehrungsreich und hart. Nicht wenige Wagenlenker sind in der Rennbahn tödlich verunglückt – und das nicht erst, als sie schon die „Weihen" eines Auftritts im Circus Maximus erfahren hatten. Wer dort für eine Rennpartei fuhr, musste schon Erfahrungen auf weniger bedeutenden Rennbahnen gesammelt haben. Neben exzellenter Fahrtechnik war physische Kondition unabdingbar: Das Stehen auf den dahinrasenden leichten Wagen stellte höchste Ansprüche an die körperliche Fitness der Fahrer.

Auch mental mussten sie sich bewährt haben. Der gefährliche Job verlangte draufgängerische, risikobereite, geradezu verwegene Burschen mit energischem, besser noch skrupellosem Durchsetzungswillen. Eine Stallregie hat es vermutlich nicht gegeben, sodass der Einzelne gegen elf Konkurrenten fuhr, auch gegen die beiden anderen der gleichen Farbe. Nachwuchsfahrer wurden im Alter von etwa 13 Jahren rekrutiert und von ihren Rennställen ausgebildet. Sie trainierten zunächst mit Einzel- und Zweigespannen. Nur wer da vordere Plätze belegte, durfte auch den Schritt zum Viergespann-Lenker tun. Sprachlich war das der Aufstieg vom *auriga*, dem „einfachen" Wagenlenker, zum *agitator*, dem Lenker in der Königsklasse der Viergespanne.

Sieben Runden in zehn Minuten – halsbrecherische Fahrten mit hohem Crash-Risiko

Omnes avidi spectant, beschreibt der Epiker Ennius die gespannte Atmosphäre im Circus Maximus, bevor der leitende Beamte das Starttuch, die *mappa*, zum ersten Rennen fallen lässt: „Alle schauen verlangend" auf die Startboxen (*carceres*),[100] aus denen die zwölf Gespanne herausstürmen werden. Ein Mechanismus sorgt dafür, dass alle Schwingtore sich gleichzeitig öffnen, – und markierte Bahnen dafür, dass es nicht sofort zu Kollisionen kommt. Erst wenn die in einiger Entfernung eingezeichnete weiße Startlinie überfahren ist, können die *agitatores* sich frei entscheiden, welchen Kurs sie einschlagen wollen.

Sieben dramatische Runden liegen vor ihnen, siebenmal 700 m, die in knapp zehn Minuten zurückgelegt werden – bei einem Durchschnittstempo von 35 km/h.[101] Der höchsten Spannung bei den Zuschauern entspricht die höchste Konzentration bei den Wagenlenkern. Der Wettkampf ist gnadenlos, ja brutal. Wer Fehler macht, wer Abstände falsch einschätzt, wer auf das Renngeschehen vor und neben sich nicht geistesgegenwärtig reagiert, gerät sofort ins Hintertreffen oder bringt sich in Lebensgefahr. Die Rennfahrer tragen nur eine unzureichende Schutzkleidung; lediglich ein im Gürtel steckender Dolch ermöglicht es ihnen im Notfall, die um ihren Leib geschlungenen Zügel durchzuschneiden, um nicht über Hunderte von Metern durch die Rennbahn mitgeschleift zu werden.

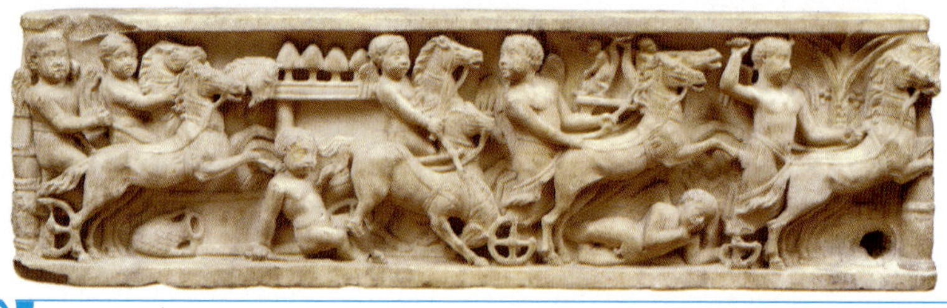

Wagenrennen auf einem Kindersarkophag, 2. Jh.: Auch wenn Putten die regulären Wagenlenker ersetzen, wird die Gefährlichkeit der Rennen deutlich – zwei Wagenlenker sind bereits verunglückt.

Unfälle, lateinisch *naufragia* („Schiffsbrüche"), waren – man muss es so deutlich sagen – in den Augen der Zuschauer die Würze des Renngeschehens. Sie waren jederzeit zu erwarten, und sie galten als Höhepunkte des spektakulären Thrills. Das zeigt sich sehr deutlich an den vielen Darstellungen von Wagenrennen in der Kunst. Ob Malerei, ob Mosaik, ob Relief – kaum eine der Darstellungen kommt ohne eine Crash-Szene aus, in der ein Wagen hochgeschleudert wird, mehrere Gefährte heftig kollidieren, Pferde stürzen und Wagenlenker unter Trümmern und Pferdeleibern begraben werden. Solche katastrophalen Unfälle sind in der bildlichen – und auch in der literarischen – Darstellung von Wagenrennen gegenüber dem realen Geschehen im Circus sicher überrepräsentiert, aber sie bilden solche aufsehenerregenden Unfälle doch realistisch ab. In der Quantität verzerren sie die Wirklichkeit, in der „Qualität" sind sie zuverlässige Spiegel der Live-Rennen – und auch der Erwartungen des Publikums: Das *naufragium*-Risiko erhöhte die Spannung enorm. Da hat sich bei heutigen Formel-1-Rennen wenig geändert – außer, dass mehr Krokodilstränen vergossen werden, wenn etwas passiert. Römische Zuschauer waren da in gewisser Weise ehrlicher: Wagenrennen ohne den Nervenkitzel möglicher schwerer Unfälle hätten wohl nicht ausgereicht, um den Circus Maximus stets bis auf den letzten Platz zu füllen.

Kühne Wetten und noch kühnere Rennstrategien

Warum war das Unfallrisiko so hoch? Das erklärt sich vor allem aus der Fahrweise. Sie war ausgesprochen aggressiv und rücksichtslos. Fairness war keine Kategorie des antiken Sports, insofern war sie erst recht da nicht zu erwarten, wo Hunderttausende als persönlich „Betroffene" mitfieberten und, Stichwort *furor circi*, geradezu mittobten. Das Publikum war kompromisslos in seiner Anhängerschaft, und: Es ging um Geld – meistens kleine Summen, aber „klein" ist ein relativer Begriff angesichts der Tatsache, dass ein erheblicher Teil der Zuschauer zu jenem Gros der Bevölkerung zählte, das von der Hand in den Mund lebte. Diese Leute sparten sich die Wetteinsätze, die sie auf den Sieg des einen oder anderen Viergespanns setzten, häufig vom Munde ab – und wenn sie eine „kühne Wette"[102] verloren hatten, war das viel bitterer, als wenn heutzutage der Lottoschein wie üblich nichts einbringt. Diesen kleinen Leuten, ihren Fans, wollten und sollten die Wagenlenker eine gute Show bieten. Auf der anderen Seite fühlten sie sich auch angesichts des gewaltigen Getöses, mit dem ihre „Performance" begleitet wurde, mächtig unter Druck zu „liefern", das heißt, die Erwartungen ihrer Anhänger zu erfüllen.

Das verband sich mit ihrem eigenen unbändigen Siegeswillen und den üppigen Siegesprämien, die zumindest die freien Wagenlenker behalten durften, sowie dem weitgehenden Fehlen eines disziplinierenden Regelwerks zu einem ziemlich explosiven Gemisch, durch das der Rennfahrer-Kollege während des Rennens zum Feind wurde. Entsprechend feindselig behandelte man die Konkurrenten. Zickzack fahren, in Kurven „die Tür zumachen" und das gegnerische Gespann dadurch zu einer Vollbremsung zwingen, stur „draufhalten" und eine Kollision in Kauf nehmen, falls der andere nicht im letzten Moment zurückzuckte, zu zweit einen Dritten in die Zange nehmen, in halsbrecherischer Weise überholen und den Überholten beim Einscheren „schneiden" – all das war erlaubt und wurde mit größter Rücksichtslosigkeit praktiziert. Der Circus Maximus war halt kein Mädchenpensionat, würden manche heutigen Sportreporter anbiedernd-verständnisvoll kommentieren. Das war er wahrhaftig nicht, sondern eher eine Schule des Egoismus und des brutalen Durchsetzungswillens, in der man im übertragenen wie im eigentlichen Sinn auch schon mal über Leichen ging. Die einzige Ethik, wenn man in diesem Ambiente, das auf Hauen und Stechen setzte, überhaupt davon sprechen will, war eine bedingungslose Erfolgsethik, bei der „richtig" handelte, wer anschließend den prall gefüllten Geldsack für den Sieger entgegennehmen durfte.

Nur in einer Hinsicht wich das Wagenrennen im Circus Maximus von einer ehernen Regel des antiken Sportbetriebs ab: Auch der zweite und der dritte Platz wurden honoriert, und zwar mit durchaus nennenswerten Preisgeldern. Wenn einzelne Spitzenfahrer auf ihren Grabsteinen ihre pekuniäre Erfolgsbilanz veröffentlichen ließen, so wurden dabei auch die nachrangigen Platzierungen mitsamt der Preisgelder erwähnt[103] – ein klares Indiz, dass man sich als „Nichtsieger" dieser Erfolge nicht zu schämen brauchte.

Wenn der „Pfeil“ ins Ziel geschossen kommt – Leitpferde mit Prominentenstatus

Außer den anderen Gespannen gab es für die Wagenlenker auch noch zwei „natürliche“ Feinde: die *metae* an den beiden Längsseiten der *spina*. Hier musste man das Tempo von maximal 70 km/h stark drosseln, denn es galt, die Wendemarke möglichst eng zu umfahren. Aber nicht zu eng. Wer die mit drei Kegeln aufragende, metallene *meta* touchierte, dem drohten ein „Aufbäumen“ des mit gut 30 kg ziemlich leichten Wagens und ein schlimmer Sturz, der für den *agitator* mit schweren Verletzungen oder sogar tödlich ausgehen konnte – während die Gespanne oft einfach weiterfuhren.

An diesen gefährlichen Stellen, die immerhin noch mit Tempo 25 bis 30 umfahren wurden, kam es auch auf die Ausbildung und Erfahrung des Leitpferdes an. Das war der ganz links angespannte Hengst, der häufig Prominentenstatus genoss und von den Fans namentlich angefeuert wurde. Das Leitpferd trug gewissermaßen eine hohe Verantwortung und wurde dementsprechend auch in Siegerinschriften regelmäßig miterwähnt – wie denn überhaupt zahlreiche Namen von Rennpferden überliefert sind. Viele brachten die Wünsche ihrer Besitzer zum Ausdruck: Victor, „der Sieger“, Praeclarus, „der Ruhmreiche“, Celer, „der Schnelle“, Sagitta, „der Pfeil“, Ferox, „der Hitzkopf“, Dominator, „der Beherrscher“, Polyneices, „der Vielsieger“, Adamas, „der Stahlharte“.

War ein Rennen beendet, so folgte die meist pompös inszenierte Siegerehrung. Unter riesigem Beifall seiner Anhänger erhielt der Erste aus der Hand des Spielgebers die Siegespalme sowie einen Geldbeutel mit dem Preisgeld. Stolz präsentierte er seine Trophäen dem Publikum. Der Zweite und Dritte wurden geehrt, die Ehrenrunde aber legte nur der Erstplatzierte zurück. Auch die siegreichen Pferde wurden mit Beifall und Hochrufen überschüttet. Für antike Betrachter bestand kein Zweifel, dass auch sie „Lob und Ruhm empfanden“ und „sich über ihren Triumph freuten“.[104]

Der Circus als Schau-Platz für Reitkunststücke, Tierhetzen und Gladiatorenkämpfe

Wagenrennen dominierten die Vorführungen im Circus Maximus ganz eindeutig: Über ein Jahrtausend lang war hier *der* Ort dafür. Aber es gab auch andere Formen der Unterhaltung. Häufig wurde sie als Intermezzi gestaltet: Darbietungen von Kunstreitern beispielsweise, die während des Galopps von einem Pferd aufs andere sprangen (*desultores*),[105] Akrobaten, die andere hippische Kunststücke zum Besten gaben – also das, was man heutzutage am ehesten unter Zirkusnummern verstehen würde. Gelegentlich traten auch Ringer, Faustkämpfer und Langstreckenläufer auf, manchmal im Rahmen von Rekordversuchen, für die der organisatorische Rahmen aber nicht überliefert ist. Unter die im Circus Maximus vollbrachten athletischen „Wunder" zählt Plinius die Laufleistung eines achtjährigen Knaben: Er soll dort „von Mittag bis Abend 75.000 Schritte gelaufen" sein, also 111 km.[106] Ab und zu führten junge Männer Reiterspiele und militärische Scheingefechte vor, ohne dass sich diese Darbietungen indes zu einem festen Programmpunkt im Circus Maximus entwickelt hätten.[107]

Anders die „Jagden" auf wilde Tiere. Diese euphemistisch als *venationes* bezeichneten Shows waren im Allgemeinen keine echten Jagden, bei denen die Tiere eine Chance gehabt hätten zu entkommen. Entsprechend unverblümt spricht Cassius Dio denn auch von einem „Abschlachten" der Tiere – aus Anlass eines Geburtstages des Kaisers Augustus starben zum Beispiel 260 Löwen.[108] Augustus selbst erwähnt in seinem „Tatenbericht", dass er *venationes* auch im Circus Maximus habe durchführen lassen.[109] Veranstaltungen dieser Art gehörten wohl bis in neronische Zeit regelmäßig zum dortigen Programm.[110]

Diese Nutzung geht bereits auf das 2. Jh. v. Chr. zurück. Einen frühen „Höhepunkt" erreichten die Tierhetzen im Jahr 169 v. Chr., als 63 afrikanische Raubtiere sowie 40 Bären und Elefanten den Hetzen zum Opfer fielen – ein Indiz für *magnificentia crescens,* „zunehmende Prachtliebe", nennt der Historiker Livius diese Vernichtungsshows.[111] In der Folgezeit ist immer wieder von ähnlichen Spektakeln die Rede. Ein dramatischer Zwischenfall ereignete sich im Jahr 55 v. Chr.: Einige Elefanten versuchten, die eisernen Absperrungen zu durchbrechen, die die Zuschauer vor den wilden Tieren schützten. Es gelang ihnen nicht, der Schrecken aber war gewaltig. Auch unter dem Eindruck dieser Beinahe-Katastrophe ließ Caesar bei der Umgestaltung des Circus Maximus einen weiteren Schutz installieren: einen je zehn Fuß (ca. 3 m) breiten tiefen Wassergraben (*euripus*) zwischen Kampfbahn und Zuschauerrängen. Jahrzehnte später ließ Nero diesen *euripus* zuschütten, um mehr Plätze für die Ritter zu schaffen.[112]

Auch Gladiatorenkämpfe fanden von Zeit zu Zeit im Circus Maximus statt. Aus römischer Sicht war das eine konsequente Nutzung: Sowohl Tierhetzen als auch die *ludi gladiatorii,* „Spiele der Schwertkämpfer", gehörten zu den klassischen *spectacula,* den Massenveranstaltungen zum *spectare,* „Schauen".

Stadium Domitiani – das römische Zuhause griechischer Profi-Athleten

Viele halten sie für den schönsten Platz der Ewigen Stadt – so auch der Autor dieser Zeilen: Die Piazza Navona mit dem dominierenden Vier-Ströme-Brunnen und dem Obelisken in ihrer Mitte. Über Ästhetik lässt sich indes lange streiten, nicht aber über einen anderen Superlativ: Die Piazza Navona ist das besterhaltene Beispiel für städtebauliche Kontinuität. Die Bebauungslinien zeichnen die Form des Stadions nach, das Kaiser Domitian im Jahr 86 eingeweiht hat. Die freie Fläche entspricht der antiken Kampfbahn, die Palazzi und Kirchen, die sie umrahmen, gründen alle auf der einstigen *cavea*, den Zuschauerrängen des Stadions. In den Kellern mehrerer Gebäude sind diese Fundamente aus dem 1. Jh. noch zu sehen,

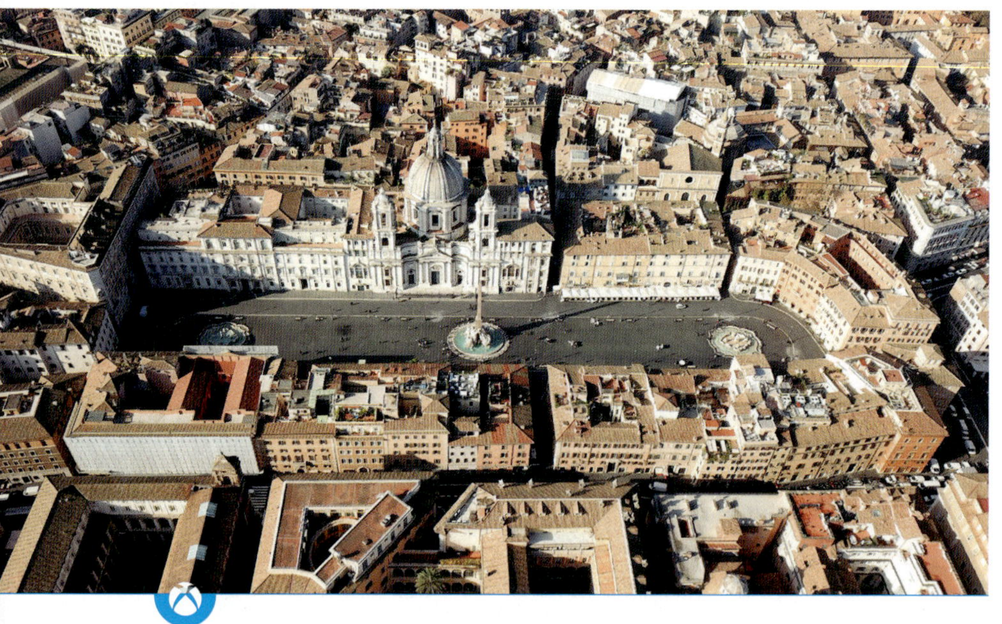

Die Piazza Navona aus der Luft. Die Struktur des einstigen Stadions ist noch gut zu erkennen: Die Palazzi und Kirchen rings um die Piazza gründen auf den Zuschauerrängen des Stadions.

unter anderem in den unterirdischen Gewölben der Kirche Sant' Agnese. Im Norden der Anlage sind auch bemerkenswerte Überreste der (mittlerweile) unterirdischen Arkaden des Zuschauerraumes zu besichtigen (durchaus lohnend, erst recht anlässlich eines Konzerts oder einer Lesung).

Vor knapp 2000 Jahren wurde der gewaltige Bau indes für andere *spectacula* errichtet: für öffentliche Vorführungen von Schwer- und Leichtathleten, die *certamina Graeca*, „griechische Wettbewerbe". Im Griechischen sprach man von *agones*, und dieser Begriff verband sich mit dem Stadion des Domitian viel stärker als das lateinische Pendant, wie man zum Beispiel daran sieht, dass die zu Ehren der Märtyrerin Agnes gebaute Kirche offiziell Sant' Agnese in Agone heißt. Agnes sollte einst im Rahmen ihres Martyriums für den christlichen Glauben in diesem von käuflicher „Liebe" stark geprägten Ambiente zur Prostitution gezwungen werden. Als man sie in einem Bordell unter den Arkaden des Stadions nackt vorführen wollte, geschah ein Wunder: Ihr in diesem Moment lang gewachsenes Haar hüllte ihren Körper ein. Das Ganze geschah der Legende nach auf dem noch im Mittelalter so genannten Campus in Agone. „In Agone" verschob sich sprachlich im Laufe der Zeit zu „Navona". Und so erinnert selbst die heutige Bezeichnung noch an den einstigen Ursprung als Sportstätte für Shows überwiegend griechischer Profi-Athleten, die sich im 1. Jh. zu einer der tragenden Säulen des stadtrömischen Unterhaltungs-„Systems" entwickelten.

„Gymnasiale" Athletik – Verführung zur Zuchtlosigkeit?

Der Weg dorthin war weit, vor allem weil er mit manchen Vorurteilen in Traditionalistenkreisen gepflastert war. Griechischer Sport wurde von alters her unbekleidet ausgeübt; *gymnásion*, der übliche griechische Begriff für einen „Sportplatz", leitet sich ab von *gymnós*, „nackt". Eben das war konservativen Römern ein Dorn im Auge: „Anfang der Schande ist es, seinen Körper unter Mitbürgern zu entblößen", zitiert Cicero den Epiker Ennius zustimmend.[113] Diese Kritik steht bei Cicero ausdrücklich im Zusammenhang mit päderastischen Neigungen mancher Griechen und den Liebesverhältnissen zwischen Älteren und Jüngeren, die vorzugsweise im Gymnasium angebahnt und ausgelebt wurden. Dort, in Hellas, seien sie „frei und erlaubt". In Rom dagegen waren solche Beziehungen verpönt. Daher wurde die Förderung griechischen Sports von manch einem misstrauisch als potenzielle Jugendverderbnis beäugt.

Sehr deutlich brandete dieser Unmut noch einmal im Jahr 60 auf, als Nero die ersten regelmäßigen gymnischen Agone ins Leben rief – unter dem nicht gerade bescheidenen Namen „Neronia". Eine Menge Ärger wurde in die Öffentlichkeit getragen über die damit angeblich eingeschleppte „Zuchtlosigkeit" (*lascivia*). Ob wirklich „alles nach Rom geholt werden müsse, was sich irgendwie verführen lasse oder verführen könne"? Schändliche Liebesverhältnisse und eine degenerierte Jugend seien zu erwarten. „Was fehle noch, außer dass sie sogar ihren Körper entblößten, sich Faustriemen anlegten und sich in dieser Art von Kämpfen anstelle von Kriegs- und Waffendienst übten?"[114] Solche Befürchtungen und Polemiken wurden auch noch ein paar Jahrzehnte später laut: Mit dem nackt betriebenen Schausport nisteten sich *vitia*, „moralische Defekte", in der Bürgerschaft ein, glaubt der Jüngere Plinius. Ihm wäre wohler, wenn diese Agone wieder aus dem Showbusiness der Hauptstadt verschwänden.[115]

Daran war indes überhaupt nicht zu denken. Wie weit verbreitet und repräsentativ diese Bedenken von Moralisten wirklich waren, lässt sich

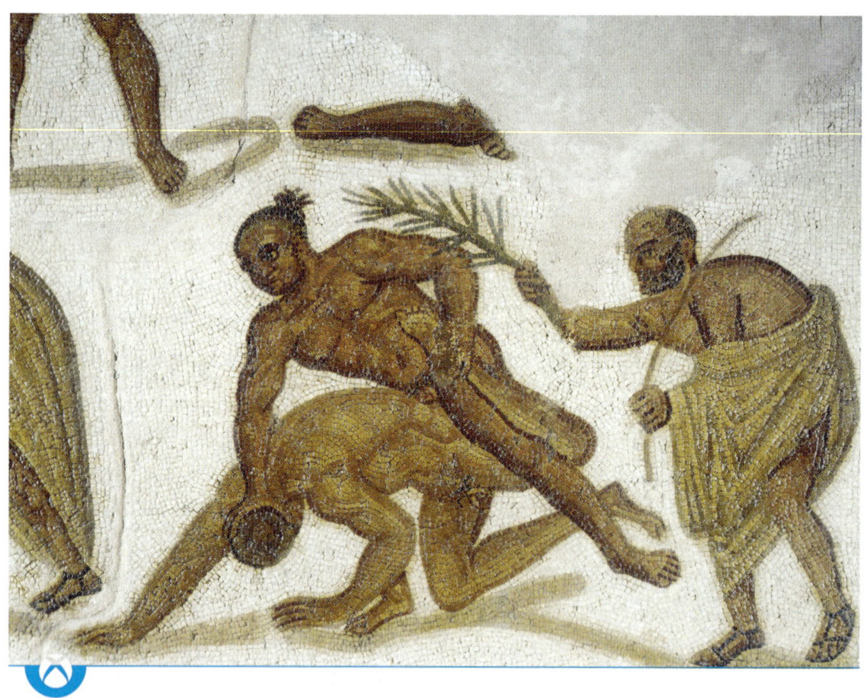

Ringkampf nackter Schwerathleten. Der Kampf scheint entschieden, der Schiedsrichter nähert sich schon mit der Siegespalme. Athletenmosaik aus Gafsa, Tunesien.

nicht ermitteln. Wahrscheinlich war es eine zahlenmäßig eher kleine „Widerstandsgruppe", die es allerdings verstand, lautstark die Werbetrommel für ihr Anliegen zu rühren und es mit „altrömischem Patriotismus" ideologisch zu verbrämen. Auch in der gesellschaftlichen Elite Roms fanden diese vor „Überfremdung" und „Degenerierung" warnenden Kassandra-Rufe immer weniger Gehör. Man hatte sich in der Übernahme griechischer Sitten und des entsprechenden Geschmacks behaglich eingerichtet. Ähnlich wie in der Luxus- und *mos-maiorum*-Debatte wurden die Stimmen der Mahner und „Bremser" zwar nicht leiser, aber immer weniger Menschen nahmen sie zur Kenntnis.

Schon gar nicht ließen sich die einfachen Leute davon beeindrucken, wie es scheint: Das Volk verlangte *Graeca certamina*, bestätigt Tacitus im Zusammenhang mit den Vorbehalten der Bedenkenträger, die er durchaus teilte. Die Mehrheit der Leute finde an Zügellosigkeit (*licentia*) dieser Art Gefallen und wolle von den moralisierenden Warnungen nichts wissen.[116]

Importierte Sportevents – Agonistik auf dem Vormarsch

Man war im Laufe der Zeit auf den Geschmack gekommen. Schau-Agonistik mit Darstellern aus dem griechischen Raum wurde in Rom seit dem 2. Jh. v. Chr. von Zeit zu Zeit geboten, anfangs noch als „exotische Extra-Shows",[117] später aber wohl mit einer gewissen Regelmäßigkeit, wenn auch nicht als periodisch wiederkehrende Veranstaltungen im Festkalender verankert. Die meisten führenden Politiker der ausgehenden Republik, die sich zugleich als große Euergeten („Wohltäter") zur Werbung in eigener Sache profilierten, ließen Athletenspiele ausrichten. So etwa der konservative Sulla im Jahr 80 v. Chr., als er aus dem gesamten hellenistischen Osten Athleten nach Rom kommen ließ – und zwar in so großer Zahl, dass die „eigentliche" 175. Olympiade in Griechenland personell geradezu ausblutete.[118] Caesar richtete anlässlich eines Triumphes dreitägige Athletenwettkämpfe in einem provisorischen Holzstadion am Marsfeld aus.[119] Augustus begründete zwar in der Nähe von Actium, wo er den Bürgerkrieg gegen Marc Anton in einer Seeschlacht siegreich beendet hatte, die Tradition eines neuen Agon, „Actia" genannt,[120] in Rom aber begnügte er sich damit, dem Volk dreimal aufwendige Athleten-Agone zu „spendieren". In seinem Tatenbericht legt er Wert darauf, dass die Teilnehmer „von überall herbeigeholt worden seien".[121] Shows waren nicht billig, heißt das im Klartext; die Startgelder für die Koryphäen in den einzelnen Disziplinen waren vermutlich ebenso beträchtlich wie die ausgesetzten Siegespreise.

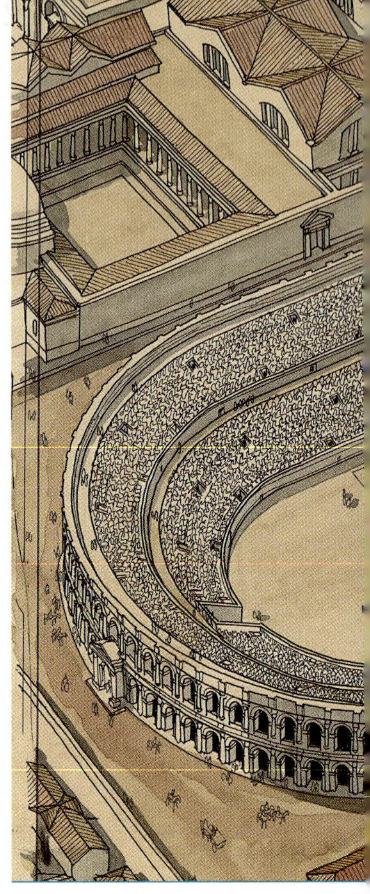

Die Nachfolger des Augustus traten in seine Fußstapfen, indem sie *certamina Graeca* in das Unterhaltungsprogramm aufnahmen, ohne sie indes fest zu etablieren. Ihren Durchbruch als regelmäßiges sportliches Showevent erlebten die „griechischen Wettkämpfe" dann, wie erwähnt, unter dem Philhellenen Nero. Allerdings überlebten die „Neronia" den Tod ihres Gründers nicht. Weil der einer *damnatio memoriae* mit der offiziellen Tilgung seines Namens aus allen Urkunden und Ehrenbeschlüssen anheimfiel, hatten sie verständlicherweise keine Chance.

„Schmuckstück der Ewigen Stadt" – ein festes Stadion für Athleten-Shows

Eine Generation später aber war es dann soweit: Mit dem „Agon Capitolinus" bzw. den „Kapitoleia" installierte Domitian im Jahr 86 einen ersten periodischen Sportwettkampf in der Hauptstadt. Er setzte sich schnell durch und stieg zu den führenden Agonen des Imperiums auf – gleich hinter den vier traditionellen Festspielen in Hellas (Olympische, Nemeische, Isthmische und Pythische Spiele). Der Erfolg beruhte wesentlich auf zwei Faktoren. Zum einen war der Adressat der Festspiele kein Geringerer als der höchste Gott Roms, der auf dem Capitol verehrte Iuppiter Optimus Maximus, und zum anderen bekam der capitolinische Agon von Anfang an eine ebenso würdige wie unverrückbare Heimstatt. Die Zeit der hölzernen Behelfsbauten für *certamina Graeca* war vorbei; das Stadium Domitiani wurde zum äußerst repräsentativen Austragungsort, der bis zu 30.000 Zuschauern Platz bot und auch von dieser Kapazität her zur Weltspitze der Massenunterhaltungsstätten gehörte.

Außerdem ließ Domitian mit dem benachbarten halbrunden Odeum einen weiteren Großbau für das musische Programm errichten[122] – für immerhin rund 7.000 Zuhörer und Zuschauer. Von diesem Bau sind nur wenige Überreste nahe dem heutigen Corso Vittorio Emanuele II erhalten. Immerhin zählte Ammianus Marcellinus im 4. Jh. sowohl das Stadion als

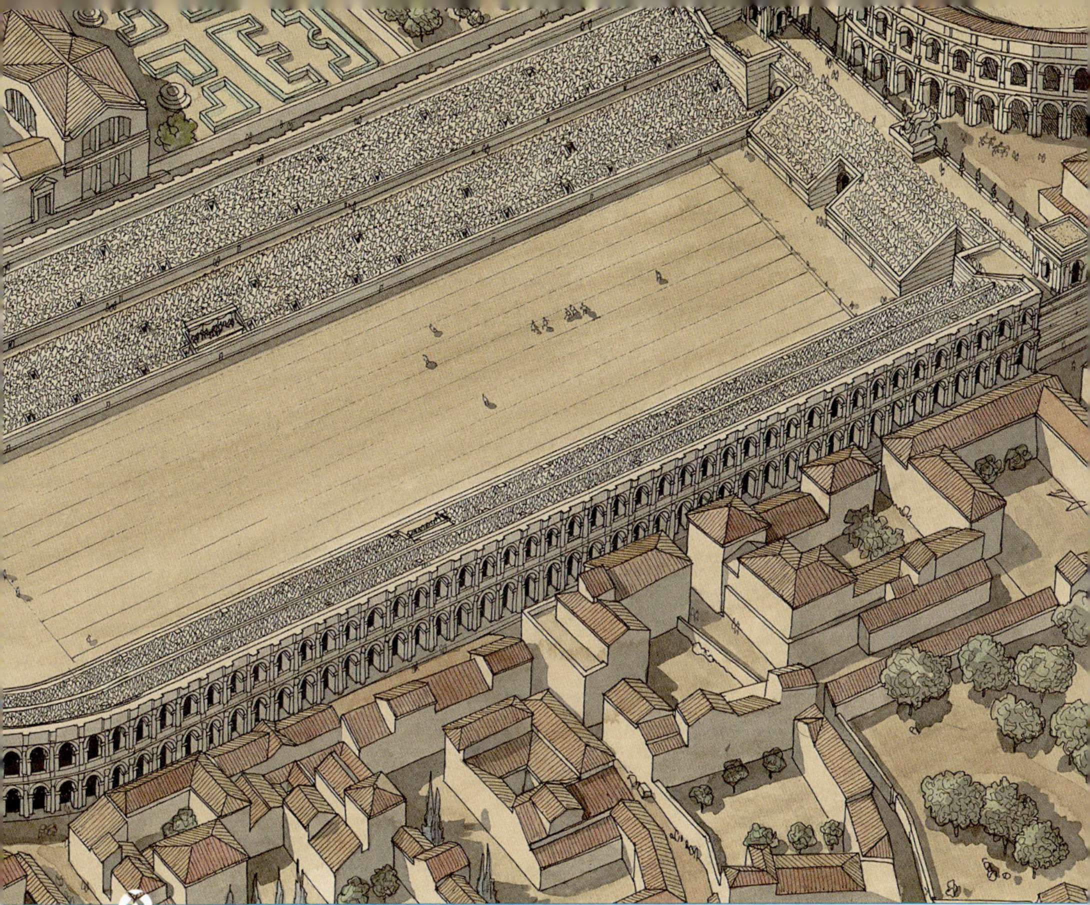

Jean-Claude Golvins Rekonstruktion des voll besetzten Stadium Domitiani. In den oberen Arkaden muss man sich ergänzend Statuen vorstellen.

auch das Odeum zu den *decora Urbis aeternae*, den „Schmuckstücken der Ewigen Stadt".[123]

Das Stadion des Domitian war etwa 275 m lang und 106 m breit. Der Zuschauerraum, die *cavea*, hatte eine zweistöckige, durch Arkaden gegliederte Außenfassade. Die Bögen waren ebenso aus Travertin wie die Halbsäulen, die sie trugen. Diese Pilaster schmückten im Parterre ionische, im ersten Stock korinthische Kapitelle. In den Arkaden des Untergeschosses waren Läden, Handwerksbetriebe und – wie beim Circus Maximus – auch Bordelle[124] untergebracht. In den Arkaden des Obergeschosses standen Marmorstatuen, von denen zahlreiche Überreste in der Umgebung des Stadions gefunden worden sind. Der Rest war aus Ziegelsteinen gebaut, die farbig verputzt und mit Stuck reich verziert waren: Insgesamt ein prachtvolles Bauwerk, das den Vergleich mit anderen Stätten der Massenunterhaltung nicht zu scheuen brauchte.

Jede Seite des Stadions hatte einen Eingang; der Haupteingang lag vermutlich im Süden, dort, wo das Odeum angrenzte. Wie in griechischen Stadien üblich, hatte die Kampfbahn einen Boden aus fest gestampfter Erde. Sie war lang genug für die Ursprungsdisziplin athletischer Wettbewerbe, den ca. 180 m langen Stadionlauf. Von einem Circus unterschied sie sich im Wesentlichen durch das Fehlen einer Trennmauer in der Mitte, der *spina*, sowie der Startboxen (*carceres*). Auch der heute in den Vier-Ströme-Brunnen integrierte Obelisk gehörte ursprünglich nicht zum Stadion. Er wurde erst, in fünf Teile zerbrochen, im 17. Jh. von seinem ursprünglichen Standort im Circus des Maxentius an der Via Appia (siehe S. 58 f.) hierher ins Stadtzentrum gebracht.

Das Stadion wurde zwar vorrangig für Veranstaltungen der Schau-Agonistik genutzt, manchmal aber auch – etwa anlässlich der Renovierung des Colosseums – für Gladiatorenkämpfe[125] sowie für hippische Wettbewerbe, ohne dass die dort möglicherweise ausgetragenen Wagenrennen das Niveau, die Dramatik und die Bedeutung der Rennen im Circus Maximus hätten erreichen können. Vor allem aber war das Stadium Domitiani – die einzige so konstruierte Athletik-Anlage im Westen des Reiches – Schauplatz des *quinquennale certamen Capitolio Iovi triplex.*[126]

Agon Capitolinus – der Stifter präsidiert in einer griechisch gestylten Toga

Sueton beschreibt die Stiftung des in drei Teile gegliederten „Agon Capitolinus", der alle vier Jahre stattfinden sollte, so: „Er bestand aus einem musischen, einem hippischen und einem gymnischen Agon mit bedeutend mehr Preisträgern als heutzutage [Sueton schrieb eine Generation später]. Denn man kämpfte dort in Prosawerken in griechischer und lateinischer Sprache, im Kitharaspiel sowohl von Kitharaspielern, die sich beim Gesang selbst begleiteten, als auch von reinen Leierspielern. Im Stadion aber liefen auch junge Mädchen um die Wette. Domitian führte den Vorsitz. Er trug Sandalen und die purpurfarbene Toga in griechischem Stil, auf dem Kopf einen goldenen Siegeskranz mit Jupiters, Junos und Minervas Bildnissen."[127]

Der Laufwettbewerb der Mädchen wurde bald wieder aus dem Programm genommen (weshalb, wissen wir nicht). Die anderen Disziplinen aber lebten bis mindestens ins 4. Jh. fort – ungeachtet der Tatsache, dass auch ihren Urheber eine *damnatio memoriae* ereilte: Die Schau-Athletik war offensichtlich zu populär geworden beim römischen Publikum, als dass man sie gleichzeitig mit ihrem Förderer Domitian wieder hätte begraben können.[128]

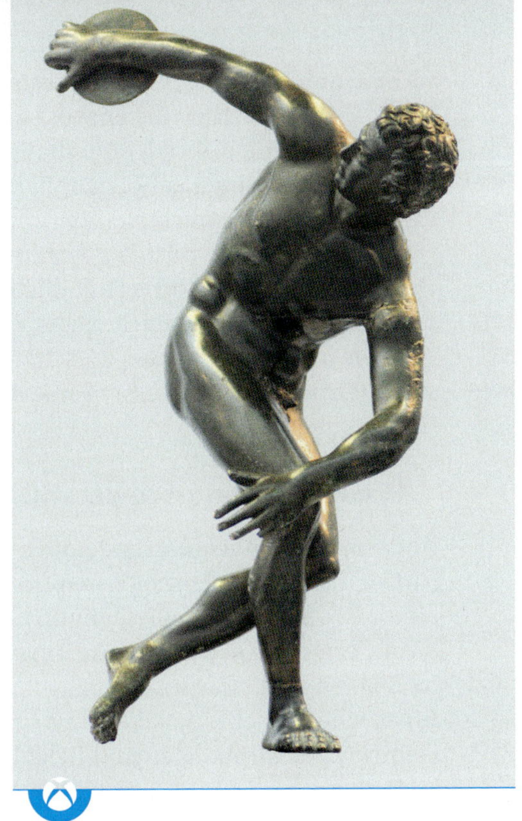

Der berühmte Diskobolos (Diskuswerfer) des Bildhauers Myron (5. Jh. v. Chr.) in einer römischen Bronzekopie (2. Jh.)

Willkommen in der neuen Hochburg! – Privilegien für Sport-Entertainer

Tatsächlich entwickelte sich die Hauptstadt zu einem Zentrum griechischer Agonistik, auch wenn das Gros der Stars nach wie vor aus dem Osten des Reiches kam. Für diese Athleten verband sich ein Sieg bei den „Capitolia" in Rom mit der Gewährung des römischen Bürgerrechts – sicher ein zusätzlicher Anreiz, um auch in der Hauptstadt Station zu machen.[129] Weil die Athleten in ihren Heimatstädten hochgeachtete Bürger waren, blieben sie in Rom auch von der *infamia* („Ehrlosigkeit") verschont, der sonst sämtliche im öffentlichen Showbusiness Tätigen gesetzlich unterworfen waren.[130] Diesen fundamentalen Unterschied zwischen griechischen und römischen Sitten hebt Cornelius Nepos im Vorwort zu seinem Biografien-Werk ausdrücklich hervor: „Auf der Bühne aufzutreten und sich dem Volk als Schauobjekt darzubieten bedeutet für niemanden in diesen Völkern (des griechischen Ostens) eine Schande; bei uns (Römern) haftet all dem teils der Ruf des Schändlichen, teils des Niedrigen und von bürgerlichem Anstand weit Entfernten an."[131] Insofern war die Ausnahmeregelung für Agonisten durchaus ein Privileg, das sie einem kulturell anders geprägten historischen Ambiente verdankten.

An dieser bevorzugten Rechtsstellung von Profisportlern entzündete sich wohl auch keine Kritik, wohl aber am Aussehen und an der Lebensweise eines Teils dieser Selbstdarsteller auf der sportlichen Bühne. Das betraf *nicht* die Läufer, die Diskus- und Speerwerfer sowie die Fünfkämpfer, die im Stadion ihre Kräfte maßen – Leichtathleten, die sich auch als Vorbilder für Statuen anboten, mit denen wohlhabende Römer ihre Stadt- und Landsitze schmückten. Das waren wahrhaft athletische Körper, wie man sie auch heute noch als wohlproportioniert und ästhetisch ansprechend empfindet. Selbstverständlich waren auch sie bei den „capitolinischen Spielen“ und einigen später eingerichteten, weniger bedeutenden Agonen in der Hauptstadt zu sehen und zu bewundern, und selbstverständlich hatten auch sie ihre Fans, die ihnen zujubelten und ihre Bildnisse aufstellten.

Essen als Diät –Schwerathleten von wunderlicher Figur

Aber sie standen insgesamt deutlich im Schatten der Schwerathleten. Die Ringer, Boxer und Pankratiasten (siehe S. 54) waren die Lieblinge des Publikums, und sie taten alles, um im Gespräch zu bleiben – Selbstdarsteller, die als urige, unverwechselbare Typen daherkamen und sich durch Großmäuligkeit und clowneske Einlagen auszeichneten. Ähnlich wie manche Boxer oder Catcher unserer Zeit versuchten sie, ihre Gegner durch ein Gemisch von Drohungen und Beleidigungen zu beeindrucken und einzuschüchtern. Sie warfen sich in eine Triumphatorengeste und führten sich mitunter wie Verrückte auf, zur Belustigung, oft genug auch zum Spott der Zuschauer, stets aber zu deren Unterhaltung. Heute würde man sagen: Sie legten es darauf an, Schlagzeilen zu produzieren.

Im Kampf waren dann nicht wenige darum bemüht, ihre Gegner mit purer Masse zu erdrücken und zu beherrschen. Je mehr Gewicht sie auf die Waage brachten, umso tüchtigere „Sportler“ schienen sie abzugeben. Der Vergleich mit Sumo-Ringern unserer Zeit liegt nahe. Und deshalb hieß ihre merkwürdige Diät: essen, essen und nochmals essen. „Vollgestopft wie ägyptische Mehlsäcke sitzen sie da“, entrüstet sich der Schriftsteller Philostrat in seiner Streitschrift „Über Gymnastik“ über diese wenig sportlichen Sportler. Und ihre Trainer, wettert er, unterstützten schon die angehenden Schwerathleten entsprechend: „Sie lassen sie sich vor den Übungen den Bauch füllen und mitten im Training rülpsen, dass es nur so dröhnt. Dadurch nehmen sie wie schlechte Erzieher den Knaben die jugendliche Bewegungslust und gewöhnen sie an Untätigkeit, Arbeitsaufschub und eine ihrem Alter unangemessene Zaghaftigkeit.“[132]

Auch der berühmte Arzt Galen war ein überaus scharfer Kritiker dieser zeitgenössischen Schwerathleten-„Diät", auch er wie Philostrat ein Grieche, dem man keineswegs nationalrömisches Ressentiment gegen ungeliebte „fremdländische" Entertainer unterstellen darf. Galen vergleicht die Lebensweise der Schwerathleten mit der von Schweinen: Ihr Tagesablauf sei ein ewiger Kreislauf von Essen, Trinken, Schlafen, sich Ausleeren und Herumwälzen in Staub und Dreck.[133] Andere Chronisten bestätigen diese Aussagen: Plinius vergleicht die *capacitas*, „Aufnahmefähigkeit", hier „Gefräßigkeit", von Athleten mit der von Zugochsen,[134] und der christliche Kirchenvater Cyprian spottet, ihr erster Sieg bestehe darin, sich die Fähigkeit antrainiert zu haben, mehr zu essen, als der menschliche Magen fassen könne.[135]

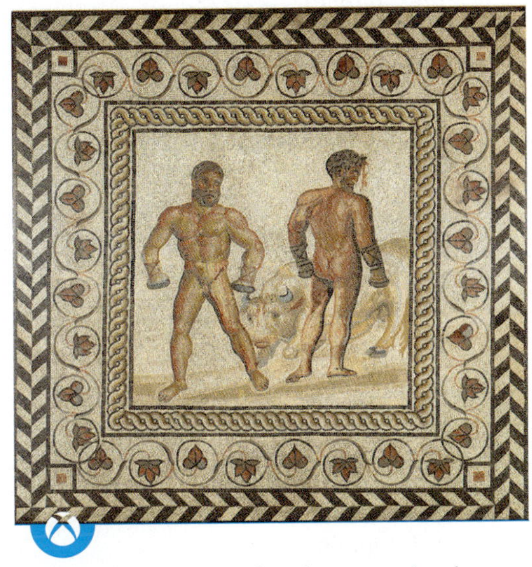

Faustkämpfer mit caestus *(um die Fäuste gebundenen Lederriemen); Mosaik aus Villelaure in Frankreich, um 175 n. Chr.*

Sicherlich wurde da in der einen oder anderen Polemik auch ordentlich übertrieben und verzerrt, und sicher gab es auch im wahrsten Sinne des Wortes ansehnliche, muskulöse, im heutigen Verständnis austrainierte Schwerathleten, aber das Gros dieser Schausportler entsprach keinem ästhetischen Ideal – dem antiken nicht und nicht dem modernen. Das waren schwergewichtige, fettleibige, oft genug auch geistig minderbemittelte Akteure, deren Attraktivität überwiegend in der Ausdauer und Brutalität erbarmungsloser Kämpfe bestand. Da es keine Gewichtsklassen gab, war Körpermasse ein nicht zu unterschätzender Vorteil.

Blutende Platzwunden, zerschundene Gesichter, deformierte Ohren – Kampfsport brutal

Mit dem, was wir heute unter sportlicher Angemessenheit und Fairness verstehen, hatten die schwerathletischen Disziplinen der Antike nichts zu tun – auch schon bei den Griechen nicht. Es hat keine „goldene Zeit" der

Schwerathletik im klassischen Hellas gegeben, die in der Römerzeit pervertiert worden wäre. Abgesehen von den metallenen *caestus*, den Schutz- und Schlagriemen der Boxer, hat sich über die Jahrhunderte nichts Wesentliches im Ablauf und Reglement der drei Disziplinen geändert. Schwerathletik war stets erbarmungslos, äußerst verletzungsanfällig, und sie forderte immer mal wieder Todesopfer. Das war das „natürliche" Risiko, dem sich die Kämpfer aussetzten – und aus der Sicht der Zuschauer machte das den Nervenkitzel aus, der sie zu Tausenden ins Stadion strömen ließ. Wer kein Blut sehen konnte, musste sich verabschieden, sobald die leichtathletischen Disziplinen absolviert waren.

Die schwerathletischen Sportarten kannten mit Ausnahme des Ringens nur den K.-o.-Sieg. Gekämpft wurde so lange, bis einer der Kontrahenten erkennbar nicht mehr konnte oder aufgab, und zwar ohne jede Rundenbegrenzung und ohne Pause. Dass man sich einvernehmlich auf ein paar Augenblicke des Verschnaufens verständigte, kam vor, war aber sicher nicht die Regel, weil die Zuschauer Aktivität sehen wollten und einforder-

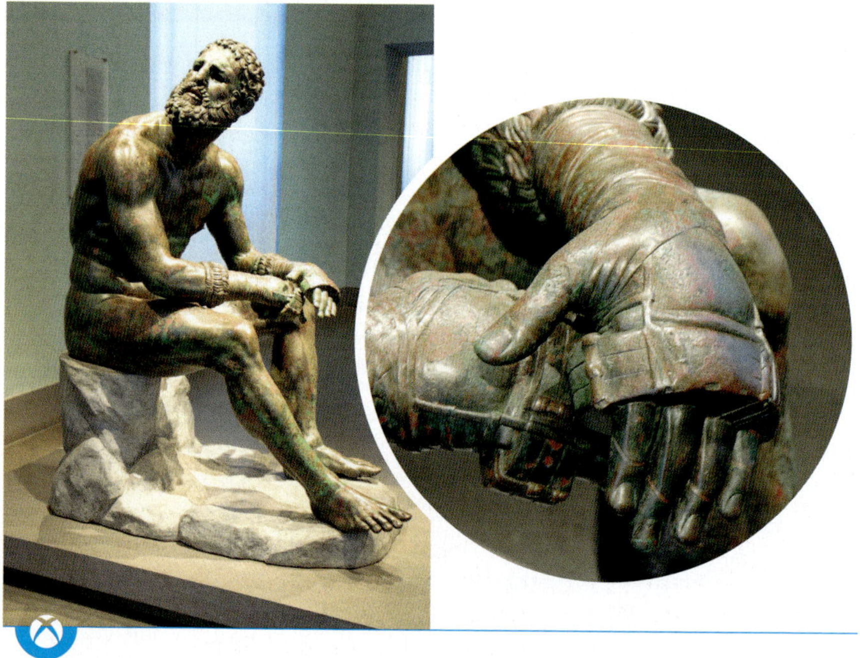

Boxer mit wenig intelligentem Gesichtsausdruck und Spuren von Verletzungen, wie einer gebrochenen Nase. Detail rechts: Die gefährlichen, aus drei Lederschichten zusammengesetzten Riemen, die im römischen Boxsport zu Angriffswaffen wurden. Bronzestatue aus dem 1. Jh. v. Chr.

ten. Alle Athleten – auch die Läufer, Werfer und Fünfkämpfer – waren Profis. Sie lebten von ihrem Sport mit seinen üppigen Preisgeldern, mussten dafür aber eine gute Show liefern. Wer sich zu schonen versuchte und zu wenig Kampfwillen entwickelte, lief Gefahr, über kurz oder lang seine Zulassung zu den Agonen zu verlieren.

Die harmloseste der drei schwerathletischen Sportarten war das Ringen (*luctatio*). Es wurde nach Meinung der meisten Sporthistoriker als reiner Standkampf ausgetragen. Dreimaliges Niederwerfen des Gegners führte zum Sieg; über die Vergabe eines „Punktes“ entschieden Schiedsrichter. Ob schmerzhafte Griffe wie das Verdrehen von Gelenken statthaft waren, ist umstritten.

Beim Boxkampf (*pugilatus*) war *das* keine Frage. Die Faustkämpfer schlugen mit aller Wucht aufeinander ein; die meisten Schläge galten dem Kopf des Gegners. Während moderne Boxhandschuhe wesentlich defensive Funktion haben, insofern sie Faust und Finger ihres Trägers schonen und den Schlag abmildern, diente der *caestus*, ein um Fäuste und Unterarme gewickelter Lederriemen, der in römischer Zeit mit Metalleinlagen „weiterentwickelt“ wurde, dazu, den Schlag zu verstärken und den Treffer wirkungsvoller zu machen. Diese „Wirkung“ zeigte sich bei vielen Boxern in Form eines völlig zerschundenen Gesichts. Nase, Kinn und Ohren waren besonders gefährdet. Nach vier Stunden Boxkampf habe kein Nachbar mehr den Stratophon erkannt, spottet der Dichter Lukillios – nur noch die Hunde, weil sie ihrer Nase folgten. Stratophon selbst schwöre bei einem Blick in den Spiegel, das sei Stratophon nicht …[136]

Immer wieder machten Spötter ihre Witze und Epigramme über furchtbar deformierte Köpfe. In bildlichen Darstellungen ist häufig das aus Platzwunden hervorschießende Blut zu sehen – übrigens auch schon auf griechischen Vasen der Klassik. Faustkampf, das zeigen zahlreiche Belege aus Literatur und Kunst, war ein brutaler Sport, der schwere Verletzungen im Gefolge hatte. Marcus Junkelmann stellt die häufigsten Risiken so zusammen: „Mangels jeglicher Schutzvorrichtungen müssen gebrochene Nasenbeine und Kinnladen, ausgeschlagene Zähne und Gehirnerschütterungen unterschiedlicher Schwere an der Tagesordnung gewesen sein, von Blutergüssen, Platzwunden, deformierten Ohren und zugeschwollenen Augen ganz zu schweigen. Wurden metallverstärkte *caestus* eingesetzt, nahm vor allem die Gefahr von Knochenbrüchen bis zu eingeschlagenen Schädeldecken drastisch zu.“[137]

Nicht selten dürfte ein Faustkampf tödlich geendet haben, sei es als direkte Folge eines Treffers, sei es als Spätfolge schwerer im Kampf erlittener Verletzungen. Man sollte sich hüten, von Boxkämpfen auch nur zu träumen, warnt Artemidor in seinem „Traumbuch". Warum? „Der Faustkampf ist für jedermann verlustreich, weil dabei das Gesicht verunstaltet und Blut vergossen wird. … Glück bringt das Träumen von dieser Sportart nur denen, die ihren Lebensunterhalt mit Blut verdienen: Ärzten, Opferpriestern und Köchen."[138]

„Olympia" in Rom – vom Fünf- zum Allkampf

Nicht weniger gefährlich war das Pankration. Der Name verrät, worum es ging: Beim „Allkampf" war alles erlaubt, Boxhiebe ebenso wie Ringergriffe, Treten und Stoßen mit Knie und Fuß, Umdrehen von Gelenken, Würgegriffe und Knochenbrechen. Verboten war lediglich Beißen und „Graben" (darunter ist wohl das Bohren von Fingern in die Mundhöhle oder andere weiche Körperteile zu verstehen). Der Kampf begann im Stehen, wurde aber anders als beim Ringen auf dem Boden fortgesetzt. Man braucht nicht viel Fantasie, um sich auszumalen, zu welch schlimmen Verletzungen und dauerhaften gesundheitlichen Schädigungen – wenn nicht gar zum Tod – das Pankration führen konnte. Wie bei den Gladiatorenkämpfen und den Wagenrennen wünschten die Zuschauer das den Akteuren nicht, aber sie nahmen es in Kauf und genossen den Thrill, der beim Zusehen von den Unberechenbarkeiten des Kampfsports ausging. Erfinder auch des Pankration waren indes die Griechen, und deshalb war es nur konsequent, dass sämtliche schwerathletischen Schaudisziplinen im Lateinischen als *certamina Graeca* bezeichnet wurden und noch heute der Begriff der „Agonistik" üblich ist.

Das gilt allerdings auch für die leichtathletischen Sportarten, die im „capitolinischen Agon" ausgetragen wurden. Das Programm entsprach im Wesentlichen dem der Olympischen Spiele: Stadion- und Doppellauf, Mittel- bzw. Langstreckenlauf (*dólichos*) sowie Waffenlauf und Fünfkampf (Pentathlon) mit Stadionlauf, Weitsprung, Diskus- und Speerwurf sowie Ringen. Im Unterschied zu Olympia gab es beim römischen Agon allerdings drei Altersklassen.

Was den heutigen „Agon" städtebaulicher Ästhetik angeht, so liegt die Piazza Navona als „Nachfolgebau" des Stadions trotz erheblicher Konkurrenz in der Ewigen Stadt ganz weit vorn. Und auch mit einer Spezialität der dort (und in der Nähe) angesiedelten *gelaterie*: Der *tartufo* mit versteckter Kirsche ist ein echter kulinarischer Stadion-Renner. Wer ihn im ehemaligen Stadium Domitiani nicht probiert, verpasst etwas.

Circus des Maxentius – wo Wagenrennen wieder lebendig werden

Rom, Oktober 312. In der Stadt braut sich Unmut zusammen. Konstantin nähert sich mit seinem Heer der Hauptstadt. Maxentius, den die Prätorianer sechs Jahre zuvor zum Kaiser ausgerufen haben, droht der Verlust der Macht – und niemand weiß in der unübersichtlichen Lage so recht, was der Bevölkerung Roms bevorsteht: Wird es wieder zu Versorgungsengpässen oder gar zu einer Hungersnot kommen?

Immerhin, der Geburtstag des Maxentius wird mit öffentlichen Spielen gefeiert – wie so oft eine günstige Gelegenheit, dem möglichen Herrscher auf Abruf zu zeigen, wie explosiv die Stimmung in der Stadt ist. In Sprechchören werfen die Zuschauer ihm vor, das Wohl der Allgemeinheit zu verraten. „Mit einer Stimme schrien sie", berichtet ein Chronist, „dass Konstantin nicht zu besiegen sei (*Constantinum vinci non posse*)." Aufgeschreckt lässt Maxentius die sibyllinischen Bücher befragen. Die echt sibyllinische Antwort der Schriften: „Der Feind der Römer werde zugrunde gehen." Maxentius ist beruhigt. Er bezieht die Antwort auf den „Angreifer" Konstantin, glaubt an seinen Sieg und zieht in den Krieg.[139] In der Schlacht an der Milvischen Brücke im Norden Roms stellt sich heraus, dass seine Interpretation falsch ist. Konstantin siegt, Maxentius kommt ums Leben, sein Kopf wird als Trophäe durch Rom getragen.

Eine höchst anschauliche, aber immer noch vernachlässigte Ruine

Die Protestkundgebung des *circenses*-Publikums könnte sich durchaus im Circus des Maxentius abgespielt haben, vermutet John Humphrey, Verfasser des grundlegenden Werkes über den römischen Circus.[140] Beweisen lässt sich das nicht, zumal der übliche Schauplatz des Anlasses – die Wagenrennen-Show – nach wie vor der Circus Maximus war. Welche Rolle spielte daneben dann der um 309 fertiggestellte Circus Maxentii? Er war Teil einer Palastanlage im Suburbium, zwischen dem zweiten und dritten Meilenstein der Via Appia unweit des Grabmals der Caecilia Metella gele-

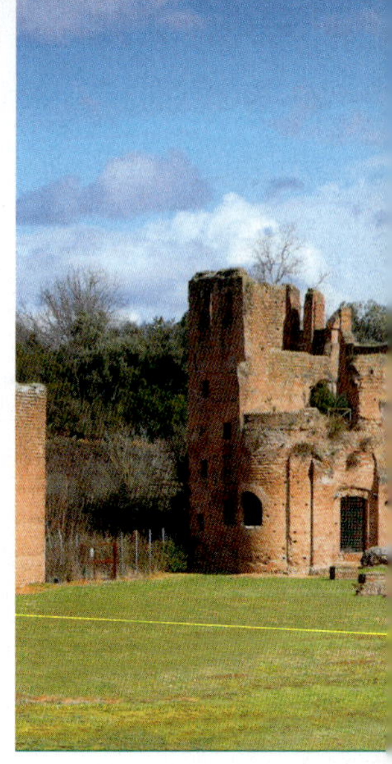

gen. Mit 10.000 Menschen fasste er nur ein kleines Publikum, und da er relativ weit von der City entfernt war, nimmt man an, dass es sich um eine Art Privat-Circus des Kaisers gehandelt habe, der dorthin vor allem seinen Hofstaat und Angehörige der „besten" Gesellschaft zu Wagenrennen eingeladen habe. Das habe allerdings „Normalsterbliche" nicht grundsätzlich vom Besuch der dort veranstalteten Spiele ausgeschlossen[141] – Schlachtenbummler der vier „Farben" etwa, die den längeren Weg zu Fuß in Kauf nahmen, dorthin ritten oder sich sogar im Wagen hinbringen ließen.

Die Schätzungen hinsichtlich der Kapazität beruhen auf der realistischen Annahme, dass jeder Zuschauer einen Platz auf zwei der insgesamt zwölf Reihen in Anspruch nahm: einen, auf dem er saß, und einen zweiten, auf den er seine Füße stellte. Angesichts der Stufenbreite von nur ca. 30 cm ist das plausibel, sonst hätte sich die Kapazität zwar fast verdoppelt, der Komfort aber sehr vermindert. Die *cavea* mit den Sitzreihen für die Zuschauer hatte eine Tiefe von 7 m; dahinter ragte die hohe Umfassungsmauer auf.

Ansonsten war der Circus Maxentii ein gewissermaßen vollwertiger Circus. Noch dazu findet man in der gesamten einst römischen Welt keinen besser erhaltenen. Wie die Wagenrennen abliefen, die Zuschauer saßen und der Kaiser die Spiele von seiner Loge aus verfolgen konnte, kann man sich nirgendwo besser vorstellen als hier. Gleichwohl ist der Maxentius-Circus, wie schon eine Studie vor einem halben Jahrhundert beklagte, immer noch „eine vernachlässigte Ruine Roms".[142] Auch viele Altertumsfreunde, die durchaus den Weg zur sehr repräsentativen Tomba di Cecilia Metella finden, werfen nur im Vorübergehen einen Blick auf das Bautenensemble des Maxentius.

Startboxen, Kaiserloge, Schiedsrichtertribüne

Was hat der Circus Maxentii, was der Circus Maximus nicht mehr hat? Neben den erhaltenen Substruktionen der *cavea* vor allem die Überreste der Startboxen (*carceres*), aus denen die Gespanne auf die Rennbahn fuhren. Es sind – wie einst im Circus Maximus – zwölf an der Zahl, für jede „Farbe" drei; jeweils sechs zu beiden Seiten des Zugangs, durch den die

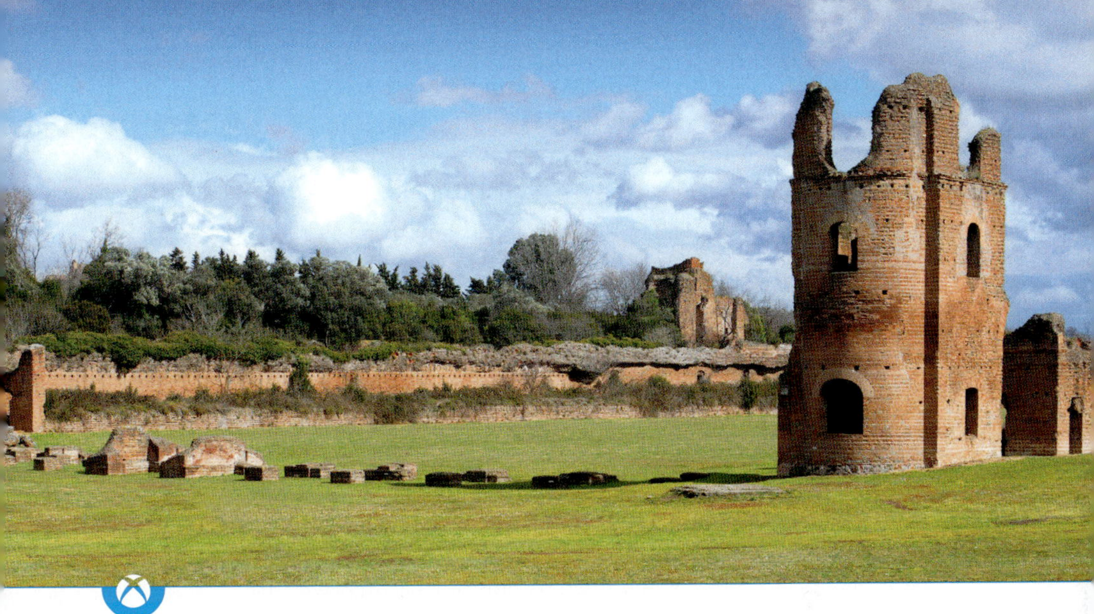

Circus des Maxentius: die Überreste der Startboxen – der Öffnungsmechanismus mit Schwingtoren wurde von einem der beiden dreistöckigen Türme aus bedient. Rechts der Turm, der das oppidum *auf der Südseite begrenzte.*

Eröffnungsprozession, die *pompa circensis*, führte. Mit Innenmaßen von 4,78 x 4,44 m boten die Startboxen für Viergespanne einen gerade ausreichenden Platz. Der Öffnungsmechanismus mit Schwingtoren wurde von einem der beiden dreistöckigen Türme aus bedient, sobald der Ausrichter der Spiele (*editor*) ein weißes Tuch, die *mappa*, hatte fallen lassen. In den Türmen waren weitere Gerätschaften für den Rennbetrieb untergebracht. Die Loge des *editor*, von der aus er das Startsignal gab, war, über eine Außentreppe erreichbar, direkt an den linken Turm angebaut. Die Schmalseite mit den Startboxen wurde auch als *oppidum* bezeichnet, weil sie mit ihrer nur vom Eingang durchbrochenen Mauer und ihren Türmen von außen wie eine befestigte „Stadt" wirkte.

Die Loge des Kaisers, das *pulvinar*, befindet sich auf der nördlichen Längsseite. Auch da ist der Circus Maxentii singulär: In keinem anderen römischen Circus ist eine solche einst tempelartig von sechs Säulen gestützte, überdachte Loge erhalten. Über einen Raum von rundem Grundriss war sie mit dem kaiserlichen Residenzquartier verbunden. Der Kaiser hatte insofern nicht nur einen kurzen Weg zu den Rennen, sondern auch einen hervorragenden Überblick über das gesamte Geschehen im Circus, vom Losstürmen der Gespanne bis zur Siegerehrung.

Überwacht wurden die Rennen vom *pulvinar iudicum* aus, der Schiedsrichtertribüne. Sie ist auf der südlichen Längsseite in die Zuschauerränge hineingebaut, etwa in Höhe der Mitte der Mauer, die den Circus in zwei Rennbahnen teilt: Dort verlief die weiß markierte Ziellinie. Ein Stück weiter westlich Richtung *carceres* durchbricht die *porta Libitinensis* den Zuschauerraum und die Außenmauer. Libitina war die Leichengöttin. Doch ist das im Circus anders als im Amphitheater nicht wörtlich zu nehmen: Durch dieses Tor konnten verunglückte Fahrer und Wagen rasch von der Rennstrecke geschafft werden. Die *porta* ist nicht zufällig in Höhe der zweiten (westlichen) Wendemarke angelegt worden; dort ereigneten sich erfahrungsgemäß die meisten Unfälle.

Euripus – Wasserbecken mit Statuen als „Rückgrat" der Rennbahn

Die *spina*, das Circus-„Rückgrat", ist ebenfalls außergewöhnlich gut erhalten, auch wenn das eine sehr relative Feststellung ist. Die *spina* war 1000 römische Fuß lang (297 m) und 7 m breit. Ihre ursprünglich rund 2 m hohen Mauern waren mit Marmorplatten verkleidet. Abgeschlossen war sie an beiden Seiten durch die Wendemarken (*metae*): jeweils drei metallene Kegel von rund 5 m Höhe. Im Rennen wurden sie siebenmal im Gegenuhrzeigersinn umrundet.

Der Begriff *spina* für diese Trennmauer im Circus hat sich eingebürgert, obwohl er nur schwach bezeugt ist. Viel üblicher war in der Antike der Begriff *euripus*[143] (auch hier nach der Meerenge zwischen der Insel Euböa und dem griechischen Festland). Im Circus des Maxentius wird der Hintergrund der Bezeichnung deutlich: Die Mittelbarriere des Circus war in mehrere Becken unterteilt, von denen die meisten mit Wasser gefüllt waren. Die eine oder andere Abflussöffnung ist noch heute zu erkennen. In diese Bassins bzw. in die sie trennenden Quermauern waren Sockel für Standbilder eingelassen – sie prägten das Bild der *spina* bzw. des *euripus*.

Im Circus Maxentii sind zwölf solcher Sockel identifizierbar. Durch Statuen- und Fragmentfunde wissen wir recht genau, welche Figuren die Barriere einst geschmückt haben: Venus, Victoria, Sol oder Apollo, Latona mit ihren Kindern Apollo und Diana, Dionysos, Herkules und eine Amazone sowie natürlich die sieben üblichen Rundenanzeiger in Form von Eiern oder Delfinen.[144] Das beherrschende Monument war wie im Circus Maximus ein ursprünglich aus Ägypten importierter Obelisk von gut 16 m Höhe. Maxentius ließ ihn aus dem Stadtzentrum, wo er ein Isis-Heiligtum aus der Zeit Domitians geschmückt hatte, hierhin bringen und als architektonische Krönung seines Circus aufrichten. Bei einem Erdbeben im 4. oder 5. Jh. brach der Obelisk in fünf Teile, 1648 wurde er ins Zentrum Roms zurückgebracht und von Bernini in den Vier-Ströme-Brunnen auf der Piazza Navona integriert.

Lange hat Maxentius seinen Palast mit angeschlossenem Circus nicht nutzen und genießen können. Dass *er* der Erbauer dieses Architekturkomplexes war und nicht Caracalla, wie man bis ins 19. Jh. annahm, geht aus einer glaubwürdigen Quelle klar hervor[145] und ist zusätzlich durch eine im Jahr 1825 gefundene Inschrift gesichert.[146] Das genaue Einweihungsjahr bleibt unklar; ob das gesamte Bautenensemble mit dem frühen Tod von Maxentius' Sohn Romulus in Zusammenhang steht, ist unsicher. Archäologen datieren den Circus in die Zeit zwischen 307 und 310. Mindestens zwei Jahre lang hätte Maxentius in diesem Fall hier *circenses* veranstalten können. Über die konkrete Nutzung in seinen letzten Regierungsjahren und auch darüber hinaus liegen keinerlei Nachrichten vor. Dem Circus Maximus konnte er jedenfalls nie eine Konkurrenz sein. Wer aber eine Vorstellung von der Architektur des großen „Bruders" gewinnen will, sollte den Maxentius-Circus keinesfalls verpassen.

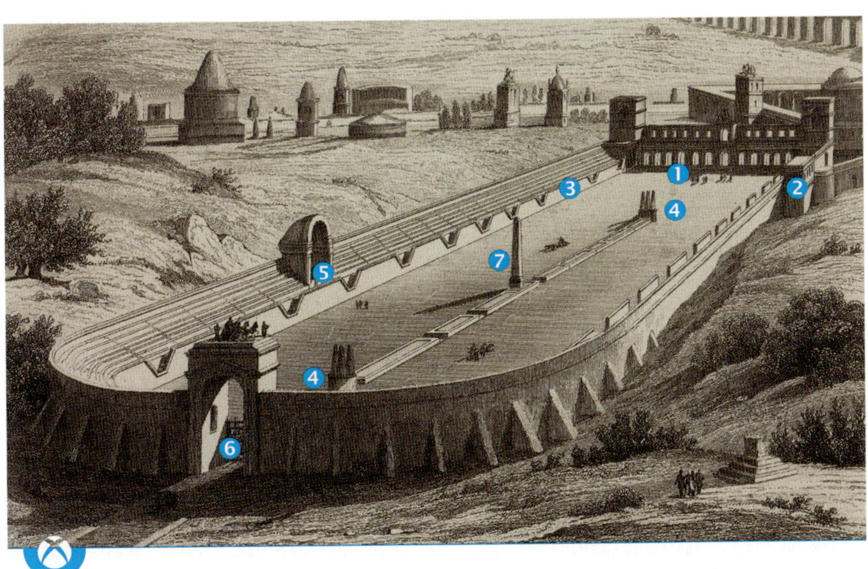

Der Maxentius-Circus in einer Rekonstruktionszeichnung aus dem Jahr 1851:
❶ *Startboxen,* ❷ *Kaiserloge,* ❸ *Porta Libitinensis,* ❹ *Wendemarken,*
❺ *Schiedsrichtertribüne,* ❻ *Porta Triumphalis,* ❼ spina (euripus)

Anmerkungen

1 Ammianus Marcellinus XXVIII 4, 29.
2 Siehe G. Horsmann, Sklavendienst, Strafvollzug oder Sport? Überlegungen zum Charakter der römischen Gladiatur, in: H. Bellen (Hg.), 50 Jahre Forschungen zur antiken Sklaverei, Wiesbaden 2001, S. 225 ff.
3 Zu dieser Frage siehe K.-W. Weeber, Latein – da geht noch was, Darmstadt 2016, S. 229 ff.
4 Vergil, *Aeneis* VIII 310 f.
5 Horaz, *carmina* I 8, 8.
6 Horaz, *carmina* III 12, 7–9.
7 Horaz, *carmina* III 7, 25 ff.
8 Cicero, *pro M. Caelio* 36.
9 E. Mehl deutet die Cicero-Stelle falsch (in: Artikel „Schwimmen" in Paulys Realencyclopädie der classischen Altertumswissenschaft, Supplement-Band 5, Sp. 851).
10 Vegetius, *de re militari* I 10.
11 Plutarch, *Cato maior* 20.
12 Horaz, *saturae* II 1, 7 ff.
13 Seneca, *epistulae morales ad Lucilium* 83, 5.
14 Plinius, *epistulae* IX 33, 3; einziger bezeugter Schwimmwettkampf in der Spätantike: Nonnos, *Dionysiaka* XI 45 ff.
15 Ovid, *ars amatoria* III 385 ff.
16 Vergil, *Aeneis* VIII 64.
17 Sueton, *Augustus* 30, 1.
18 Macrobius, *Saturnalia* III 16, 11.
19 Juvenal V 105.
20 Galen III 30, 721 Kühn.
21 Vergil, *Aeneis* V 114 ff.
22 Horaz, *epistulae* I 18, 61.
23 Bei niedrigem Wasserstand galt der Tiber allerdings als eher sanft fließend (*leni agmine*, Vergil, *Aeneis* II 782).
24 Ovid, *epistulae ex Ponto* I 8, 37 f.
25 Ovid, *tristia* III 12, 22.
26 Martial XI 47, 5; VII 32, 11.
27 Plinius, *naturalis historia* XXXI 42.
28 Martial V 20, 9; VI 42, 18; XI 47, 5 f.; XIV 163; Statius, *silvae* I 5, 25 f.
29 Seneca, *epistulae morales ad Lucilium* 83, 5; vgl. 53, 3.
30 „Du läufst lediglich nahe bei den eisigen Wellen der Virgo" (Martial VII 32, 11).
31 Strabon, *geographika* V 3, 8.
32 Ovid, *tristia* III 12, 17 ff.
33 Horaz, *carmina* I 8; III 7, 25 ff.; vgl. Cicero, *de legibus* II 38; Vegetius, *de re militari* I 1.
34 Cicero, *de officiis* I 104; vgl. *pro M. Caelio* 11.
35 Horaz, *carmina* I 8, 4.
36 Ovid, *ars amatoria* I 513.
37 Properz III 14, 1–20.
38 Ovid, *ars amatoria* III 387
39 Plutarch, *Marius* 34 (übersetzt von K. Ziegler).
40 Sueton, *Augustus* 83, 1.
41 Sueton, *Nero* 10, 2.
42 Tertullian, *de spectaculis* 10.
43 Ovid, *fasti* II 860.
44 Varro, *de lingua Latina* VI 13; Tertullian, *de spectaculis* 5.
45 Plutarch, *quaestiones Romanae* 97; Festus 190 L.
46 Haselberger 2007, S. 127.
47 Sueton, *Augustus* 43, 1; *Caligula* 18, 1; *Claudius* 21, 4.
48 Sueton, *Caesar* 39, 3; Cassius Dio LIII 1, 5.
49 Seneca, *epistulae morales ad Lucilium* 56, 1–2.
50 Juvenal II 53.
51 Juvenal VI 419 ff.
52 Ammianus Marcellinus XVI 10, 14.
53 DeLaine 2018, S. 337.
54 M. Piranomonte, Thermae Antoninianae, in Steinby, Band 5, S. 48.
55 Vgl. zum Beispiel Martial VII 67, 5 ff.; IV 19, 5 ff.
56 Plinius, *epistulae* III 1, 8.
57 Vgl. die Anekdote, dass Cato nach einer Wahlniederlage ungerührt Ball spielte (Seneca, *epistulae morales ad Lucilium* 104, 33).
58 Verschiedene Balltypen: Martial XIV 45 ff.
59 Anders als der „Scherzartikel" „Apopudobalia" im Neuen Pauly (Band 1, Sp. 845) suggeriert.
60 Petron 27, 2 ff.
61 Martial XII 82, 1 ff.
62 Seneca, *de brevitate vitae* 13, 1.
63 Corpus Inscriptionum Latinarum, Band 6, Nr. 9797 (= Dessau, Inscriptiones Latinae Selectae, Nr. 5173).
64 Martial IV 19, 8.
65 Weeber 2006, Band 2, S. 102 ff.
66 Corpus Inscriptionum Latinarum, Band 9, Nr. 1588 (= Dessau, Inscriptiones Latinae Selectae, Nr. 5480).

67 Rutilius Claudius Namatianus I 201 f.
68 Tertullian, *de spectaculis* 16, 3 ff.
69 Lactanz, *divinae institutiones* VI 20, 32.
70 Plinius, *epistulae* IX 6, 1.
71 Tacitus, *dialogus de oratoribus* 29, 3 f.
72 Martial X 48, 22 f.; Petron 70, 11 ff.; Ammianus Marcellinus XXVIII 4, 29.
73 Plinius, *naturalis historia* X 71.
74 Ovid, *ars amatoria* I 144; *amores* III 2 passim.
75 Ammianus Marcellinus XXVIII 4, 29 f.
76 Audollent 1904, Nr. 284.
77 Audollent 1904, Nr. 295.
78 Audollent 1904, Nr. 187.
79 Sueton, *Caligula* 55, 3.
80 Cassius Dio LIX 28, 6; Sueton, *Caligula* 55, 3.
81 Martial XI 33.
82 Cassius Dio LIX 14, 5.
83 Ovid, *ars amatoria* I 140 ff.
84 Ovid, *ars amatoria* I 158.
85 Sueton, *Claudius* 21, 3.
86 Sueton, *Augustus* 43, 5
87 Historia Augusta, *Antoninus Pius* 9, 1; Chronografie a. 354.
88 Dionysios von Halikarnassos III 68.
89 Anthologia Latina I 197, 1 ff.
90 Plinius, *panegyricus* 51, 3 f.
91 Plinius, *naturalis historia* XXXV 102. Unrealistisch ist die Angabe 385.000 *loca* in einem Regionenverzeichnis des 4. Jh.s.
92 Ovid, *ars amatoria* I 106.
93 Plinius, *naturalis historia* XXXVI 70 f.
94 Corpus Inscriptionum Latinarum, Band 6, Nr. 701.
95 Ammianus Marcellinus XVII 4, 15.
96 Tertullian, *de spectaculis* 8, 7.
97 Ovid, *amores* III 2, 40 ff.; *ars amatoria* I 147 f.
98 Digesta III 2, 2, 5.
99 Martial X 53, 1 f.; vgl. X 50; XI 1, 15 f. Von der „goldenen Nase" des Scorpus spricht Martial in V 25, 10.
100 Ennius, *annales* I 84 ff.
101 Junkelmann in Köhne/Ewigleben 2000, S. 107.
102 Juvenal XI 201 f.; vgl. Tertullian, *de spectaculis* 16; Petron 70, 11 ff.
103 Corpus Inscriptionum Latinarum, Band 6, Nr. 10047 ff.
104 Plinius, *naturalis historia* VIII 159; Ovid, *Halieutica* 66 ff.
105 Manilius V 85 ff.
106 Plinius, *naturalis historia* VII 884.
107 Livius, *ab urbe condita* XLIV 9, 5 ff.; Sueton, *Caesar* 39, 2; *Augustus* 43, 2; *Tiberius* 6, 4.
108 Cassius Dio LV 10, 7; vgl. LIV 34, 1.
109 Augustus, *res gestae* 22, 3.
110 Humphrey 1986, S. 71.
111 Livius, *ab urbe condita* XLIV 18, 8.
112 Plinius, *naturalis historia* VIII 21.
113 Cicero, *Tusculanae disputationes* IV 70.
114 Tacitus, *annales* XIV 20, 4.
115 Plinius, *epistulae* IV 22, 3 und 7.
116 Tacitus, *annales* XIV 21.
117 Remijsen 2015, S. 130.
118 Appian, *bella civilia* I 99.
119 Sueton, *Caesar* 38, 3.
120 Strabon, *geographika* VII 327; Sueton, *Augustus* 18, 2; Cassius Dio LI 1, 2; dazu O. Pavlogiannis u. a. in Nikephoros 22, 2009, S. 79 ff.
121 Augustus, *res gestae* 22, 1.
122 Sueton, *Domitianus* 5; Eutropius 7, 23.
123 Ammianus Marcellinus XVI 10, 14.
124 Historia Augusta, *Elagabalus* 26, 3.
125 Cassius Dio LXXVIII 15, 2 f.
126 Sueton, *Domitianus* 4, 4.
127 Sueton, *Domitianus* 4, 4.
128 Newby 2005, S. 33.
129 Remijsen 2015, S. 130.
130 Digesta III 2, 4.
131 Nepos, *praefatio* 5.
132 Philostratos, *gymnastikos* 44; 48 (übersetzt von J. Jüthner).
133 Galen I 28 f.; V 878 f. Kühn.
134 Plinius, *naturalis historia* XVIII 63.
135 Ps.-Cyprian, *de spectaculis* 8.
136 Anthologia Palatina XI 75, 1 ff.
137 Junkelmann in Köhne/Ewigleben 2000, S. 87.
138 Artemidor I 61.
139 Lactanz, *de mortibus persecutorum* 44, 7 f.
140 Humphrey 1986, S. 601.
141 Humphrey 1986, S. 601.
142 G. Popoff-Béboutoff in Antike Welt 1, 1970, S. 28 ff.
143 Humphrey 1986, S. 175 f.
144 Pisani Sartorio in La Regina 2006, S. 57 ff.; Humphrey 1986, S. 282 ff.
145 Chronografie a. 354: *(Maxentius) circum ad catacumbas fecit.* – „(Maxentius) ließ einen Circus bei den Katakomben erbauen."
146 Corpus Inscriptionum Latinarum, Band 6, Nr. 1138.

Literaturhinweise

Allgemeine Literatur

A. Carandini (Hg.), Atlas of Ancient Rome. Biography and Portraits of the City, 2 Bände, Princeton [2]2017 (italienische Originalausgabe: [3]2013)

P. Christesen / R. G. Kyle (Hgg.), A Companion to Sport and Spectacle in Greek and Roman Antiquity, Malden/Oxford 2014

R. W. Fortuin, Der Sport im augusteischen Rom, Stuttgart 1996

M. Golden, Sport in the Ancient World from A to Z, London 2004

O. Grodde, Sport bei Quintilian, Hildesheim 1997

H. A. Harris, Sport in Greece and Rome, London 1972

E. Mähl, Gymnastik und Athletik im Denken der Römer, Amsterdam 1974

A. Mahoney, Roman Sports and Spectacles. A Sourcebook, Newburyport 2001

P. Mauritsch (Hg.), Quellen zum antiken Sport, Darmstadt 2012

St. Müller, Das Volk der Athleten. Untersuchungen zur Ideologie und Kritik des Sports in der griechisch-römischen Antike, Trier 1995

M. Reis, Sport bei Horaz, Hildesheim 1994

L. Richardson, A New Topographical Dictionary of Ancient Rome, Baltimore/London 1992

Th. F. Scanlon, Sport in the Greek and Roman Worlds, Band 2, Oxford 2014

E. M. Steinby (Hg.), Lexicon topographicum Urbis Romae, Bände 1–5, Rom 1993/1999

J.-P. Thuillier, Sport im antiken Rom, Darmstadt 1999

J.-P. Thuillier, Une journée particulière dans la Rome antique. Pour une topographie sportive de l'Urbs, in: P. Fleury / O. Desbordes, Roma illustrata, Caen 2008, S. 409 ff.

H. Ueberhorst (Hg.), Geschichte der Leibesübungen, Band 2, Berlin/München/Frankfurt 1978

I. Weiler, Der Sport bei den Völkern der Alten Welt, Darmstadt [2]1988

R. Wünsche / F. Knauß (Hgg.), Lockender Lorbeer. Sport und Spiel in der Antike, München 2004

Der Tiber – kein ungetrübtes Badevergnügen

W. Backhaus, Öffentliche Spiele, Sport und Gesellschaft in der römischen Antike, in: Ueberhorst 1978, Band 2, S. 218 ff.

R. Bockius, Ruder-„Sport" im Altertum, Mainz 2013

G. F. Chiani, Rivers and Water Protection in the Ancient World, in: O. D. Cordovana / G. F. Chiani (Hgg.), Pollution and the Environment in Ancient Life and Thought, Stuttgart 2017, S. 61 ff.

J. Le Gall, Le Tibre. Fleuve de Rome dans l'Antiquité, Paris 1953

J. Hopkins, The „Sacred Sewer": Tradition and Religion in the Cloaca Maxima, in: M. Bradley (Hg.), Rome. Pollution and Propriety, Cambridge 2012, S. 57 ff.

F. Maniscalco, Il nuoto nel mondo greco-romano, Neapel 1995

E. Mehl, Artikel „Schwimmen", in: Paulys Realencyclopädie der classischen Altertumswissenschaft, Supplement-Band 5, 1931, Sp. 84 ff.

B. Ware Allen, Tiber. Eternal River of Rome, Lebanon 2019

Außerdem: Reis 1994 (siehe Allgemeine Literatur)

Stagnum Agrippae und Euripus Virginis – Tummelplätze für „Kaltbader"

P. J. Aicher, Guide to the Aqueducts of Ancient Rome, Wauconda 1995

C. Buzzetti, Stagnum Agrippae, in: Steinby, Band 4, S. 344 f.

A. Carandini (Hg.), Atlante di Roma antica, Rom 2013, S. 508 (englische Ausgabe: 2016)

F. Coarelli, Euripus, in: Steinby, Band 2, S. 237 ff.

L. Haselberger, Urbem adornare. Die Stadt Rom und ihre Gestaltumwandlung unter Augustus, Portsmouth 2007, S. 123 ff.

A. Hrychuk Kontokosta, Building the Thermae Agrippae: Private Life, Public Space, and the Politics of Bathing in Early Imperial Rome, in: American Journal of Archaeology 123, 2019, S. 45 ff.

Außerdem: Richardson 1992, S. 147; 367 (siehe Allgemeine Literatur)

Das Marsfeld – vom Sportgelände zum Vergnügungsviertel

J. Albers, Campus Martius. Die urbane Entwicklung des Marsfeldes von der Republik bis zur mittleren Kaiserzeit, Wiesbaden 2013

L. Haselberger, Urbem adornare. Die Stadt Rom und ihre Gestaltumwandlung unter Augustus, Portsmouth 2007, S. 111 ff.

P. W. Jacobs / D. A. Conlin, Campus Martius. The Field of Mars in the Life of Ancient Rome, Cambridge 2014

Chr. Neumeister, Das antike Rom. Ein literarischer Stadtführer, München [3]1997 (Nachdr. 2010), S. 142 ff.

T. P. Wiseman, Campus Martius, in: Steinby, Band 1, S. 220 ff.

Außerdem: Fortuin 1996; Thuillier 1999, S. 83 ff. (siehe Allgemeine Literatur)

Die Thermen – Dorado der Ballspieler

E. Brödner, Die römischen Thermen und das antike Badewesen, Darmstadt [3]2011

St. Busch, Versus balnearum. Die antike Dichtung über Bäder und Baden im römischen Reich, Stuttgart/Leipzig 1999

J. DeLaine, The Baths of Caracalla, Portsmouth 1997

J. DeLaine, The Imperial Thermae, in: C. Holleran / A. Claridge (Hgg.), A Companion to the City of Rome, Malden 2018, S. 325 ff.

J. DeLaine / D. E. Johnston (Hgg.), Roman Baths and Bathing, Portsmouth 1999

G. G. Fagan, Bathing in Public in the Roman World, Ann Arbor 1999

E. Künzl, Die Thermen der Römer, Stuttgart 2013

I. Nielsen, Thermae et balnea. The Architecture and Cultural History of Roman Public Baths, 2 Bände, Aarhus 1992

K.-W. Weeber, Luxus im Alten Rom, Band 2: Die öffentliche Pracht, Darmstadt 2006

E. Wegner, Das Ballspiel der Römer, Rostock 1938

F. Yegül, Bathing in the Roman World, Cambridge 2010

Der Circus Maximus – Schau-Platz der Raserei

A. Audollent, Defixionum tabellae, Paris 1904

S. Bell, Roman Chariot Racing: Charioteers, Factions, Spectators, in: Christesen/Kyle 2014, S. 492 ff.

P. Ciancio Rossetto, Circus Maximus, in: Steinby, Band 1, S. 272 ff.

F. Coarelli, Rom. Der archäologische Führer, Darmstadt [6]2019, S. 315 ff.

K. Coleman / J. Nelis-Clément (Hgg.), L'organisation des spectacles dans le monde Romain, Genf 2012

G. Horsmann, Die Wagenlenker der römischen Kaiserzeit, Stuttgart 1998

J. H. Humphrey, Roman Circuses. Arenas for Chariot Racing, Berkeley 1986

M. Junkelmann, Mit Ben Hur am Start, in: E. Köhne / C. Ewigleben (Hgg.), Ausstellungskatalog Gladiatoren und Caesaren, Mainz 2000, S. 91 ff.

D. Kyle, Sport and Spectacle in Ancient Rome, Malden 2007

J. A. Latham, Performance, Memory, and Procession in Ancient Rome. The Pompa Circensis, Cambridge 2016

W. Letzner, Der römische Circus. Massenunterhaltung im Römischen Reich, Mainz 2009

F. Marcattili, Circo Massimo. Architetture, funzioni, culti, ideologia, Rom 2009

V. Olivová, Chariot Racing in the Ancient World, in: Nikephoros 2, 1989, S. 65 ff.

E. Thomas, Ovid at the Races, in: Hommages à M. Renard, Band 1, Brüssel 1969, S. 710 ff.

J. Tremel, Magica agonistica. Fluchtafeln im antiken Sport, Hildesheim 2004

K.-W. Weeber, Circus Maximus. Wagenrennen im antiken Rom, Darmstadt 2010

K.-W. Weeber, Spectaculum. Die Erfindung der Show im antiken Rom, Freiburg 2019

Außerdem: Thuillier 1999 (siehe Allgemeine Literatur)

Stadium Domitiani – das römische Zuhause griechischer Profi-Athleten

M. L. Caldelli, L'Agon Capitolinus. Storia e protagonisti dell' istituzione domizianea al IV secolo, Rom 1993

N. B. Crowther, Roman Attitude to Greek Athletics, in: Classical Journal 76, 1980, S. 119 ff.

S. Facchini, I luoghi dello sport nella Roma antica e moderna, Rom 1990

M. Junkelmann, Griechische Athleten in Rom. Boxen, Ringen und Pankration, in: E. Köhne /

C. Ewigleben (Hgg.), Caesaren und Gladiatoren, Mainz 2000, 81 ff.

I. Lana, I ludi Capitolini di Domiziano, Rivista di filologia e di istruzione classica 29, 1951, S. 145 ff.

C. Laudes (Hg.), Le stade romain et ses spectacles, Lattes 1994

M. Lee, Greek Sports in Rome, in: Christesen/ Kyle 2014, S. 492 ff.

Chr. Mann, Griechischer Sport und römische Identität: Die *certamina athletarum* in Rom, in: Nikephoros 15, 2002, S. 125 ff.

J. Newby, Greek Athletics in the Roman World. Victory and Virtue, Oxford 2005

M. B. Poliakoff, Kampfsport in der Antike, Zürich/München 1989

S. Remijsen, The End of Greek Athletics in Late Antiquity, Cambridge 2015

P. Virgili, Stadium Domitiani, in: Steinby, Band 4, S. 341 ff.

Chr. Wallner, Zu griechischen Agonen in Rom während der Kaiserzeit, in: Stadion 28, 2002, S. 1 ff.

K.-W. Weeber, Panem et circenses. Massenunterhaltung als Politik im antiken Rom, Mainz [3]2000

Außerdem: Müller 1995 (siehe Allgemeine Literatur)

Circus des Maxentius – wo Wagenrennen wieder lebendig werden

G. Ioppolo / G. Pisani Sartorio, La villa di Massenzio sulla Via Appia. Il circo, Rom 1999

M. Junkelmann, Die Reiter Roms, Band 1, Mainz 1990

H. Leppin / H. Ziemssen, Maxentius. Der letzte Kaiser in Rom, Mainz 2007

G. Pisani Sartorio, Circo di Massenzio, in: A. La Regina (Hg.), Lexicon topographicum Urbis Romae. Suburbium, Band 4, Rom 2006, S. 53 ff.

G. Popoff-Béboutoff, Der Circus des Maxentius. Eine vernachlässigte Ruine Roms, in: Antike Welt 1, 1970, S. 28 ff.

Weitere Literatur : s. Kapitel „Circus Maximus“

Bildnachweis

akg-images / De Agostini, Biblioteca Ambrosiana – S. 59; - / Gilles Mermet – S. 44; - / Peter Connolly – S. 17; - / Rabatti & Domingie – S. 38; - / Werner Forman / N.j Saunders – S. 52 · Alamy Stock Photo / Azoor Photo – S. 36 · Aquarelle de Jean-Claude Golvin. Musée départemental Arles Antique © Jean-Claude Golvin / Éditions Errance – S. 32, 46/47 · bpk Bildagentur / The Trustees of the British Museum – Umschlag · mauritius images / Alamy Stock Photo, Adam eastland – S. 3, 13; - / Alamy Stock Photo, Artokoloro – S. 51; - / Alamy Stock Photo, Carlo Bollo – Umschlag; - / Alamy Stock Photo, Funkyfood London - Paul Williams – S. 28; - / Alamy Stock Photo, Icom Images – S. 33; - / Alamy Stock Photo, John Heseltine – S. 56/57; - / Alamy Stock Photo, Konstantin Kalishko – S. 20; - / Alamy Stock Photo, The History Collection – S. 34; - / Alamy Stock Photo, The Picture Art Collection – S. 24; - / Alamy Stock Photo, VPC Photo – S. 3, 26; - / SuperStock, Peter Barritt – S. 52 · shutterstock / Aerial-motion – S. 42; - / fabianodp – S. 26; - / PhotoLondonUK – S. 3, 8/9; - / Viacheslav Lopatin – S. 6; - / Vinicio Tullio – S. 23 · wikimedia.org / MatthiasKabel / CC BY-SA 3.0 – S. 49; - Alexxant / CC BY-SA 4.0 – S. 12